說書人用26則三國人物的生存故事，
讓你看懂職場黑暗面、看清人性與成敗

你的人生難關，三國都發生過！

說書人柳豫 著

目錄

第二章　◇　讀三國，看清失敗與成功

第三章 ◇ 讀三國，看懂人生選擇

第四章 ◇ 讀三國，看清英雄背後的掙扎

好評推薦

「我們每個人都像是劉備，在所有逃跑的路斷掉之後，發現絕處中有逢生之途，我們每個人都像是的盧，生得一副妨主之相，最終在危急的時候，跳過溪澗，跳過眾人的眼光，希望此書能帶給所有在絕處絕命之中的人，看見希望之光。」

——名為變態的神父，資深PTT鄉民

「幽默卻不失嚴謹，張狂卻不失精巧，作者以獨特的史觀，讓我們了解——原來歷史離我們那麼近！」

——江仲淵，「歷史說書人History Storyteller」粉專創辦人

「你的眼淚和心酸，三國英雄都懂；何不聽聽一千八百年前的人生前輩經驗談？」

——普通人，《非普通三國》作者

「《三國演義》你讀很多遍了，但有因此改變人生嗎？沒有。因為你缺一個好的說書人，帶你品讀三國，破解人生難關。除了柳豫，我想不到其他人。」

——歐陽立中，Super 教師、暢銷作家

作者序 因三國而稍微改變人生的那個晚上

三國，好像離我們很遠，又好像很近。

有多近呢？每隔一陣子都會看到新出的電影、連續劇、各種相關遊戲，三國的魅力歷久不衰，千年以後甚至越來越紅，實在是不可思議的一件事。

有多遠呢？我想，創作寫活了三國，可能也寫死了三國，當戲劇不斷追求在歷史空白處添加情節，當遊戲力求表現出三國英雄的威風，把他們的兵器與招式做得一代比一代帥氣，卻似乎少了點靈魂。

不過，三國不只是這樣的。

劉備、曹操、孫權，以及他們麾下的猛將，不是演員、不是一張遊戲卡片，他們是活生生的人，歷史記載中，這些大人物曾經煩惱、曾經掙扎，甚至對人生感到迷惘，不知道自己下一步該做出什麼樣的決定，他們就是這樣真切地活過來的。

沒錯，就像我們一樣。**無論歷史如何演變，人性始終不變。**

我讀完文學研究所畢業之後，一直希望能夠把寫作當成自己的職業，這個想法並非一時興起、而是非常明確的夢想；但另一方面，我心底很清楚，連小有名氣的作家都難以靠寫作維生，更別談一無所有的新手寫作者了。

現實與理想產生碰撞，怎麼辦？

我做了一個聰明的決定，給自己一年時間寫作，如果得獎、得到出版機會，那就努力朝這條路前進，如果無法打開這條路，那就認命放棄夢想吧。

那一年，我失敗了。當時倒沒有感到多難堪，我確實奮鬥過了，心裡反而覺得自己「提得起，放得下」，不失為一條硬漢。我開始踏入職場，做過幾份不同的工作，下班後看小說、看電影，誰說人沒有夢想就是鹹魚呢？鹹鹹的不也挺有滋味嗎？

然後，有一天夜裡，我無聊看起三國故事，突然有個想法，小說《三國演義》早就看爛了，不妨翻翻史書《三國志》，本來想說看看艱澀枯燥的文言文，看累了正好睡覺，結果，我那天晚上看累了……也看哭了。

劉備有個願望，在東漢末年亂世中，他想要恢復漢室，歷史上劉備當然不是什麼劉皇叔，他只是個在家鄉有群年輕人跟隨的老大，根本沒有兵馬、沒有根據地，一方面，劉備很清楚他想要用他的號召力起兵匡正天下，另一方面，這個夢想怎麼看都難以實現，怎麼辦？

跟我一樣，這就是現實與理想的激烈碰撞。

劉備開始招募義兵，誰知道，竟然還有兩個人打從心底相信劉備的夢想，關羽和張飛，這三個傻瓜共同舉兵，從零開始白手起家，一度擁有徐州，然後遭到呂布偷襲喪失所有基礎，於是再起兵，打敗仗，不放棄，再起兵，打敗仗，不放棄，再起兵，打敗仗，不放棄……

我真的是看哭了，為什麼不放棄啊！你們到底有什麼問題啊！

如果我跟大家說，人生在世，努力很重要，我相信觀眾們大概都會蓋上書、直接轉身離開，道理就算再有道理，也無法打動人，能夠打動人的是故事。看看劉備的人生故事，重新定義了努力，「你願意為你的信念付出多少」那才是關鍵。

再回頭看看我那個「聰明的決定」，我感到無比懊惱，在這之前，我知道自己並沒有虛度那一年，我確實在寫作方面下了功夫，那是努力沒有錯，但那是我對得起「心中真正目標」的努力嗎？不，差得遠了，跟那三個傻瓜差得實在太遠了。

我當下立刻寫了一則短篇「史上最強8+9劉備」，用現代的觀點來解讀歷史原文，寫出劉備這個永不放棄的流氓老大形象，結果獲得了廣大迴響，有人說，原來歷史比小說更有趣，有人說，原本以為三國已經講爛了，想不到竟然可以把劉備講出不同以往的魅力。

我的文筆並沒有特別好，文章之所以讓人有感，只是因為我對於劉備太有共鳴了，因為，在那個瞬間，我遇到的難關就是劉備的難關。

你不一定像我這樣對劉備有愛，但是你很可能會在其他三國人物中，看到某種似曾相似之處。

又孤傲又自卑的矛盾王者，曹操。

周遭環繞著英雄但他自身卻沒有英雄資質的最強凡人，孫權。

還有那些天才謀士諸葛亮、龐統、郭嘉、司馬懿、陸遜背後不為人知的故事。

我慢慢發現，三國故事並不是那麼遙遠的事，幾年前我開始用說書人柳豫之名寫作、說書，擁有一點觀眾，打下一點基礎，大概就像劉備在家鄉招募兵馬一樣，我衷心感謝願意陪著我的「追隨者」。雖然這條路還很漫長，不過我的視野和以往完全不同，我知道該怎麼走下去了。

我看人、看事物的角度，確實因為三國產生了變化，所以我挖掘更多這樣的歷史記載，或許，在本書的以下章節，你也能找到讓你改變思維、逆轉人生想法的故事。

對於正在讀這本書的你，如果這些故事，能夠讓你會心一笑、讓你得到一點小小收穫，那就是說書人我最開心的事情了。

第一章

讀三國，看懂職場黑暗面

一　職場上，暗箭難防，如何自保？

——張飛一生最大的錯誤，就是鞭打身邊的小人，卻沒有打死他們。

「我打你個小人頭！讓你永遠不出頭！」

工作職場上，這種話最好放在心裡頭，畢竟你永遠不知道，到底是你會先弄死他，還是他先弄死你。

三國之中，關羽和張飛是兩位赫赫有名的猛將，從劉備起兵之初，兩人便一路跟隨，蜀漢建國，關羽、張飛可說是最重要的功臣。

關張之勇，並不是後世造神，當時曹魏、孫吳都相當忌憚關羽和張飛，連敵國都稱他們為「萬人敵」，可見兩人的實力。不過，身為統兵的大將，只有武勇與戰略是不夠的，如果以現代管理學的角度來看，這兩位主管都有致命的缺陷。

羽善待卒伍而驕於士大夫，飛愛敬君子而不恤小人。

——《三國志．張飛傳》

關羽善待部屬，但是他心高氣傲，看不起大部分的士大夫同事；張飛剛好相反，他敬重有才幹的士人君子，對於部下卻非常苛刻。

說書人我雖然是蜀漢粉絲，在這裡也忍不住想吐槽，這對兄弟未免太難搞了吧！你們都應該去好好進修管理學程啊！

這兩位大將並不完美，不過關羽仍算是一位全方位的將帥，有勇有謀，部眾敬愛他、願意為他賣命，關二哥在劉備集團中始終是第二把交椅，並不只是因為年紀比較大的關係，而是他在重要的大事上確實比張飛可靠。

備留張飛守下邳，引兵與袁術戰於淮陰石亭，更有勝負。

——《三國志．先主傳》引注《英雄記》

劉備早期流浪不得志，好不容易得到了徐州這個根據地，正要與群雄一爭高下，結果，當他和袁術交戰時，鎮守後方的張飛卻出了亂子。

陶謙故將曹豹在下邳，張飛欲殺之。豹眾堅營自守，使人招呂布。布取下邳，張飛敗走。備聞之，引兵還，北至下邳，兵潰。

——《三國志．先主傳》引注《英雄記》

曹豹是前任徐州牧陶謙的舊部，當時劉備成為新任的徐州牧，可以想像成劉備的公司擴大經營，正是需要整合內部、廣納人才的時候，張飛卻不知道為什麼事情和曹豹打了起來，曹豹叛變，找來呂布當幫手，於是呂布發動奇襲奪下劉備的城池。

這次混亂中，張飛不只丟了一座城，還差點害得劉備軍團全軍覆沒，往後張飛仍常常擔任軍隊主將，但劉備再也不敢將鎮守要地的任務交給他。

歷史上，張飛雖然不曾喝酒誤事，但在這個事件中，可以看出他的情緒控管有待加強，無論那曹豹做了什麼壞事，張飛「欲殺之」，身為一個主管級的大將，這絕對不是聰明的處理方式。

在我的想像中，張飛就像是軍中奉行打罵教育的老派長官，白天常常把人電到飛起來，甚至會用鞭撻等刑罰來立威，晚上卻又會找部眾一起坐下來喝酒談心，這種長官心情好的時候什麼都好，然而當他發起脾氣來，往往會殃及無辜。

張飛生平戰績顯赫，有萬夫不當之勇，不過，他最後的死法並不十分光彩。因為他不是戰死於沙場、不是死於敵軍手中，而是在睡夢中被自己的部屬刺殺而死。

> 先主常戒之曰：「卿刑殺既過差，又日鞭檛健兒，而令在左右，此取禍之道也。」
>
> ——《三國志．張飛傳》

劉備曾對張飛說：「你對部下刑罰太重，時常鞭打士卒，卻又讓他們待在左右，這樣遲早會出事的！」

劉備擅長看人、洞悉人情世故，這番話說得準確，可惜張飛沒有聽從劉備之言，依舊我行我素；後來，關羽遭到東吳奇襲、兵敗身亡，劉備當然不能吞下這口氣，他舉兵伐吳，張飛則率大軍會合，準備大開殺戒，為兄弟報仇。

可惜的是，劉備和張飛並肩作戰的畫面，只能在電玩遊戲中實現——張飛在這次出征路途上，某個夜晚，死於他的部下范彊、張達手中，范張二人隨後帶著張飛的首級投奔東吳。

史書中沒有更詳細的記載，畢竟這不是什麼光榮事蹟，張飛是否因關羽之死將這股氣出在部屬身上，造成部下反叛，其中真相已不得而知。

無論如何，此事雖與張飛自身性格有關，但每次看到范、張這兩個小人的名字，說書人總是會恨得牙癢癢的。

如果能夠穿越回三國，我一定會給張飛以下忠告。

我說張三爺啊！聽我一言，您還是別隨便鞭打小人吧！如果真要打的話，那就別手下留情，記得打大力一點，千萬不能留活口啊！

說書人後記

職場上，多少會遇到難搞的同事，但最好還是避免衝突，用更圓融的方式處理，讓「小人」對你造成的影響越小越好。

試想，如果你在眾人面前指責同事、辱罵同事，就算錯在他身上，他肯定心裡不是滋味，而得罪一位每天在你身旁共事的人，對自己絕對沒有任何好處。

明槍易躲，暗箭難防，連英勇的張飛都擋不住來自背後的偷襲，何況是我們普通人呢？

說完了故事，觀眾們大概也能夠明白，為什麼蜀漢的老闆是劉備，而不是更擅長打仗的關羽或張飛。

當老闆最重要的條件是什麼呢？頭腦好、能力強、或是擁有龐大的資金？這些或許重要，不過說到底，**企業是一個組織，領導者不需要十項全能、不需要什麼都懂，但一定要懂「人」。**

有人以為劉備只會哭，只是依靠一群厲害的夥伴打天下，那完全是誤解，歷史上劉備初期起兵也不曾用漢室劉姓的血統招搖撞騙，他最大的武器，乃是「對人的向心力」。

劉備對百姓仁厚，對部屬講義氣，所以像關羽、張飛、趙雲和諸葛亮這些武力或智力優於劉備的人才，仍心甘情願為他所用，這就是劉備白手起家創業的祕密。

劉備識人、用人的本事，史冊中有許多例證，而最悲傷的一個例子，就是張飛之死。劉備對人性看得透澈，他早就提醒過張飛，別對身邊的下屬太苛薄。

你若出言指責君子，君子可能會感謝你給他的意見，但你對小人找麻煩，只會造成自己更大的麻煩。

如果張飛學到了劉備做人要領的十分之一，也不會有此悲劇了吧。

二　我能力這麼好，為什麼老闆不重用我？

——郭嘉說，或許就是你的能力太強了，老闆才不敢用你。

如果你能力不強，老闆或許還會帶著笑容數落你；如果你有能力、有野心、有改變公司的偉大理想，那麼，你休想看到老闆對你微笑了。

郭嘉是曹操早期相當倚重的謀士，智謀過人，年紀輕輕就立下許多功業，是人們口中的天才型軍師。

不過，說書人認為，三國這些謀士們，與其說是感覺敏銳的天才，更像是「人類觀察家」，他們擅長觀察與分析，看別人走一步棋，就能夠推理出接下來兩步、三步，甚至十步。

郭嘉最讓人印象深刻的故事，大概就是預言江東小霸王孫策之死。

當時曹操與袁紹交戰，聽聞孫策橫掃江東、戰無不勝，即將渡江來襲，所有人聽到這消息都十分驚慌，對曹操來說，北方有強大的袁紹，南邊又有新興的孫策，這麼說來，是否應該退兵回許都大本營才是明智之舉呢？

眾聞皆懼，嘉料之曰：「以吾觀之，必死於匹夫之手。」

——《三國志・郭嘉傳》

然而，郭嘉聽到消息，只是懶洋洋地笑了笑，輕輕說道：「不必擔心，我們專心打袁紹就好，依我看，孫策必定死於匹夫手中。」

結果，孫策尚未渡江，便遭到刺客刺殺身亡。

這則記載太過不可思議，不免引人質疑，而且其中也有可以挑毛病的地方，比如說，就算孫策會死於莽夫之手，如果那刺客太晚出現，孫策已經殺到了曹操背後，那該怎麼辦？

策新并江東，所誅皆英豪雄桀，能得人死力者也。
——《三國志．郭嘉傳》

郭嘉這樣解釋道，孫策固然勇猛，在短時間內擊敗江東眾多豪強，但那些豪傑也不是吃素的，縱然敗亡，底下必有一票死忠之士想要報仇。

然策輕而無備，雖有百萬之眾，無異於獨行中原也。若刺客伏起，一人之敵耳。
——《三國志．郭嘉傳》

而且孫策自恃武勇過人，常常輕騎而出、疏於防備，所以郭嘉才說，孫策如此輕敵，有很高的機會死於刺客手中。

這一則預言，重點並不在於「孫策什麼時候死」，而是當眾人都害怕江東孫策的威名，郭嘉則分析道，孫策鋒芒太露，勇猛善戰是他最大的優點，但也是致命的弱點，根本不用擔心他進軍北上，光是在江東，就有許多人想要他的性命了。

由此看來，郭嘉對於人事物的解讀確實有一套，他常常提出獨特的觀點與奇謀妙計，乍看之下沒有道理，事後看來卻證明他是對的。

看到了郭嘉有多「神」，我們再來看下一則經典預言，預言的對象是劉備。

當時，曹操已經戰勝了強大的袁紹，但袁紹的兒子袁譚、袁尚勢力尚在，曹操想要北上收拾殘局，然而，多數部下認為應該從長計議，深怕南方的劉表派劉備打曹操屁股。

表，坐談客耳。

——《三國志．郭嘉傳》

郭嘉又帶著戲謔的微笑開口了，他說劉表這個人，只會坐著出一張嘴，不必擔心。

自知才不足以御備，重任之則恐不能制，輕任之則備不為用，雖虛國遠征，公無憂矣。

——《三國志．郭嘉傳》

先前袁紹曾遣使聯合劉表打曹操，不過劉表終究沒有出兵捅曹操屁股，可見他對屁股沒有興趣……可見他對奪天下沒有興趣。更何況，劉備的實力比劉表強，雖然劉備寄人籬下、暫時投靠劉表，但劉表壓不住他，絕對不會讓劉備帶兵出征。

這是個很有趣的現象，對老闆來說，擁有優秀的部屬，應該好好發揮他的本領才對吧？劉表在荊州經營已久，卻未能有進一步的發展，如果他願意重用劉備來改變現況，將大軍撥給劉備，抓住這個機會進攻，劉表就可以趁機擴張勢力不是嗎？

然而，如果你的各項能力都勝過頂頭上司，上司又不是什麼器量大的人，那你恐怕很難有好的發展了。

郭嘉這番話說得輕鬆，卻包含了對人性的深刻觀察，郭嘉獨排眾議勸曹操先平定北方，而當曹操出兵時，南方的劉備確實建議劉表趁機偷襲許都，但劉表沒有聽從，畢竟，他也擔心劉備的勢力太強將會難以控制。果然一切都如郭嘉所料。

這個道理古今相同，當老闆的能力不足，遇到有才幹的員工，又不能無視於他、又不能重用他，只好將優秀的人才晾在一旁，久而久之，公司必然會出問題。

有趣的是，郭嘉早在一千八百年前就知道這個「祕密」。

世上許多平庸的老闆，都是些什麼樣的人呢？郭嘉說得明白，「坐談客耳」，就是坐在那邊出一張嘴的人。

劉表恐怕至死都不知道，自己曾被別人家的員工說得這麼難聽吧！

說書人後記

曹魏謀士眾多，而郭嘉最特別的一點，就是在赤壁之戰後，曹操嘆息道：「郭奉孝在，不使孤至此！」

這句話應該如何解讀呢？

如果郭嘉還活著，曹操就不會吞下這場大敗……真的是這樣嗎？

由於郭嘉早逝，曹操在兵敗的時候想起了這位年輕的天才，又難過又感慨，故有此一嘆，不過，如果單憑這點就說可見郭嘉是曹營中的「第一謀士」，那也有些說不過去。

事實上，另一位謀士賈詡就勸過曹操，認為南征沒有好處，但曹操不聽，後來果然在赤壁失利，只能燒船退兵。

在這裡可以探討一個有趣的問題，即使如曹操這樣精明的老闆，偶爾也不肯聽勸，但他為什麼就是肯聽郭嘉說的話呢？

曹操說過：「唯奉孝能為知孤意。」答案很簡單，因為郭嘉總是清楚曹操的心意，曹操生性多疑，若你擅長猜老闆的心思，曹操反而不爽，但郭嘉不需要特意揣測，他自己的個性本來就和曹操十分相似。

史冊說郭嘉「不治行檢」，其他同僚曾向曹操告狀，但這點在曹操眼中，根本不算是缺點，畢竟曹操自己本來就不是守規矩的人啊！

我們再看看這一回的主題，關於「老闆的祕密」。其實，郭嘉在曹操手下做事，並不是什麼偶然。

最初，郭嘉北上見過袁紹，說到袁紹，那可是三國身價最高的大老闆，但郭嘉竟然搖搖頭，他說袁紹雖然想要效法周公禮賢下士，卻不懂得用人，有再多謀略也不能做出決斷，難以成就霸業，於是他離開了袁紹。

捨棄了當代規模最大的公司，跳進曹操的新創公司，郭嘉的眼光與膽識確實讓人佩服，也再次替大家上了一課，**求職不能短視近利，找到一個適合自己的企業、遇到能夠用人的老闆，才是更重要的事。**

有人說，每份工作都能學到東西，最好不要輕易提離職。但郭嘉提供了另一種思考模式，如果你心裡確定自己不適合這間公司，那就不必去想「我要撐過試用期」、「做滿一年再走履歷比較漂亮」，看看郭嘉多瀟灑，雖然人人都說袁氏企業未來不可限量，可是實際待過幾天後，郭嘉發現老闆開會都在說一些不著邊際的空話，也不採納實行部屬的提案，郭嘉無法接受這種文化，就算公司待遇再好，他還是立刻遞出辭呈、另尋出路。

郭嘉有能力，常常提出大膽的戰略，不過除了自身的實力，郭嘉選擇了敢用奇謀的曹操老闆，這點同樣重要，正因為有曹操，郭嘉才能在歷史中綻放光芒。

至於名滿天下的袁紹，在郭嘉眼中，大概只是另一個「坐談客」吧！

三　誰能告訴我，為什麼老闆都聽不懂人話？

——袁術告訴你，老闆很樂意聆聽你的意見，然後繼續堅持己見。

「拜託，企業家的思維跟你們不一樣，你以為我是怎麼坐上這個位子的？」很奇怪，許多老闆都喜歡說這樣的話，更奇怪的是，當你仔細思考，你會越想越害怕：「是啊！他到底怎麼坐上這個位子的啊！」

公元一九七年，當時改變三國局勢的兩場大戰「官渡之戰」、「赤壁之戰」都還沒開打，天下局勢未定，袁術即僭號稱天子。

三國時期，群雄並起，除了曹操、劉備、孫權以外，袁紹與袁術這對同父異母的兄弟亦握有大筆籌碼，但「自行稱帝」一事讓袁術走上滅亡之路。

袁家四世三公、家世顯赫，漢代太尉、司徒、司空合稱三公，三公領九卿，可視為百官之首，到東漢末年則漸漸變成虛名，並無實權，但仍是具代表性的頭銜。袁家連續四代都做到三公之位，是當時聲勢最大的家族。

袁術雖為弟弟，但他是正統的嫡子，論背景、論資源，袁術創業分明有不少優勢，然而他在三國亂世中起兵沒有幾年便即滅亡，很明顯的，並非資本不足、並非員工的過錯，袁術倒閉破產的原因就在老闆自己身上。

當時局勢混亂不明，有人搶先跳出來說要當皇帝，自然是人人喊打，於是在曹操的號召之下，各路人馬圍剿袁術，連盟友呂布、原本屬於袁術麾下的孫策都出兵攻打他，袁老闆眾叛親離、狼狽逃難，這個曾經風光的官二代兼富二代，臨死前連想吃蜂蜜都不可得，最後嘔血身亡。

袁術滅亡的原因，在於他認不清時局、認不清自己的實力，但你是否感到疑惑，「皇帝夢」害死了袁術，當袁術做出如此愚蠢的決定時，身邊的人怎麼沒有阻止他呢？

不過，先別笑袁術，多少政治圈、商業界有頭有臉的大人物，都曾經做過這樣的「皇帝夢」，人在腦子發熱的時候，最容易做出有問題的決策，你想不透他為什麼要出來參選、他偏偏出來了；所有人都反對的提案，老闆偏偏就是採用了。

回到故事中，事實上，當時有兩個人曾試圖勸阻袁術。

陳珪與袁術為故交，兩人都是公族子孫，當時袁術想要稱帝，第一個想到的就是這位滿腹智謀的朋友，袁術寫了封信給陳珪道：「秦朝腐敗之際，群雄並起，只有智勇兼具的人才能獲得成功，現在正是英雄挺身而出的時候，我和你是老朋友，如今想要成就大事，你就是我最可靠的心腹了！」

袁術嘴上說得漂亮，實際上他劫持了陳珪的二兒子，心想陳珪非投靠他不可，不過陳珪義正詞嚴地回信道：「秦朝暴虐，自取滅亡，怎能和漢朝相提並論！何況現今曹操將軍英明威武，正興兵平定暴亂、匡扶漢室，我以為你應該同心為國家出力，想不到你竟然圖謀不軌、自尋災禍，這怎能叫人不痛心呢！我身為故友，所以向你直言，若想對我威脅利誘，我絕對寧死不從！」

陳珪這一席話，讓人打從心底為他鼓掌。

雖然時代背景不同，但陳珪的判斷同樣可供現代求職者參考，堅持做對的事情，別因為短暫的利益而跳入火坑。

曹操當時確實是亂世中的一線曙光，至於後來是否黑化成為大魔王，在此暫且不論；陳珪與陳登父子假意依附呂布、暗中聯絡曹操，分化了袁術和呂布的同盟，對於穩定時局有許多功勞。

話說袁術被老朋友陳珪打臉之後，是否就此清醒過來呢？沒有，大老闆的思維不是我們所能猜透的，他找來了下屬，召開員工大會。

術會羣下謂曰：「今劉氏微弱，海內鼎沸。吾家四世公輔，百姓所歸，欲應天順民，於諸君意如何？」

——《三國志・袁術傳》

袁術這番話，如今讀來格外親切。

「各位都看到了，如今劉氏衰弱、國內混亂，身為袁家四世三公的正統繼承人，我也不能再沉默下去了，現在我想順應民眾、符合天意登上大位，各位覺得如何？」

這根本是現代政客們、老闆們的演講起手式啊！

眾莫敢對。

——《三國志．袁術傳》

空氣凝結，大家你看看我、我看看你，沒有人敢答腔。

眼看這個「應天順民做皇帝」研討案即將通過，袁術的主簿閻象忍不住站了出來。閻象進言道：「從前周朝君王乃至周文王，累積了許多功勳恩德，仍然服從於殷商；袁家雖然興旺，恐怕不如周朝強盛，而漢朝衰弱，卻也並未像紂王那樣殘暴不仁。」

閻象說得合情合理，如果換作一個有器量、有判斷力的老闆，或許會稱讚他犯險直言的勇氣，選擇罷手，然而，袁大總裁哼了一聲，只當作沒聽見。

這故事聽來是不是有點熟悉？其實現代也不乏這種老闆，袁大總裁不愧是經營之神，這場會議完全表現出古今職場上各種幹話。

第一、我做決定都不是為了自己，我是為了大家好啊！

第二、各位聽完都沒有回應，所以大家都贊成，對吧？

沒錯，在老闆耳朵裡，微弱的反抗，視同贊成。

下次公司開會時，如果聽到你家老闆講出類似的話，請記得袁術的下場：自行登位想當天子，卻被盟友部屬背棄，在各路人馬夾擊之下，落魄離開歷史舞台。

我們不一定要當背叛反咬老闆一口的人，但是當你的頂頭上司屢勸不聽，腦中充滿過於美好的幻想，那麼，絕對沒有必要陪他一起做皇帝夢、發財夢，收拾行李快快逃吧！

說書人後記

這一回和上一回可以擺在一起看，袁家兄弟正好為我們示範了兩種老闆的面目。

袁紹有心想學周公禮賢下士，他對部下的建議大概總是回答「好、好，我們再商量」，袁術面對意見則是回應「不好、不好，這個沒得商量」，論氣度與姿態，袁紹優於袁術，假如袁紹能夠多虛心檢討自己、更果決地採用部下的提案，還有機會做個有為的大老闆，但他打下幾次勝利後，越來越剛愎自用。兩人最後的失敗倒有些相似，**當老闆心中只相信自己的時候，那無論開再多會議、說再多幹話都沒有意義了**。

袁紹的信心，源自於他滅公孫瓚、破黑山賊，平定北方，這點我們之後的章節再說；但袁術的自信可就有點莫名其妙了，他並沒有靠自己打下多少郡縣，只是仗著先天的資源，身為一個富二代，創業之初靠著家世背景和優秀的部下得到一些成績，他便認為自己無所不能，認為自己該當皇帝了。這實在讓人哭笑不得。

袁術不聽勸阻，堅持稱帝，設置公卿百官，奢侈放蕩的程度變本加厲，他自己和後宮妻妾享用綾羅綢緞、山珍海味，而士兵們飢寒交迫，江淮之間財物耗盡，壯丁紛紛出走，剩下的人們相互殘殺爭食。

這樣的天子當然不可能長久，袁術僭號僅僅兩年便逝世，最後，留下了一個歷史疑問。

史書沒有明寫袁術稱帝的國號和年號，只說他自稱仲家，至於「仲家」或「仲世」是國號、或是年號，這點已無從得知，有待更進一步的歷史考據……

啊不過好像也沒人在意就是了。

四 為老闆犧牲奉獻一切，真的值得嗎？

——陸遜表示，你為他做牛做馬，他就真的不把你當人看了。

「年輕人，好好做，老闆一定會看到的。」這是多麼可怕的一句話。是啊！你一生為他做牛做馬，然後，他就真的不把你當人看了。

三國歷史中，最動人的君臣之情，說書人第一個就會想到劉備和諸葛亮；與此相對，提起最傷人的一段感情，大概就是孫權與陸遜的故事。

《三國演義》說關羽在曹魏、孫吳兩方聯手之下，失去荊州、戰死麥城，劉備怒不可抑，率七十五萬大軍為義弟報仇，東吳舉國驚恐震動，這時，孫權拜書生陸遜為大將，陸遜火燒劉備大軍，這個沒沒無聞的儒生於夷陵之戰一戰成名，立下不朽功業。

不過，小說為了情節需要，不免有誇大的成分，其實陸遜早在夷陵之戰前就是東吳的重要人物，自少年直至晚年，他撐起了江東的半邊天。

陸遜最初為孫權效力時，「山越」肆虐，陸遜和許多江東新人一樣，走出新手村，開始攻打山賊、平定少數民族。陸遜屢戰屢勝，擊敗了多年來橫行無阻的會稽山賊大帥潘臨，討平群寇。

累積許多功勞後，孫權拜陸遜為偏將軍右都督，負責協助呂蒙，後來呂蒙用陸遜的驕兵之計，使關羽掉以輕心，一舉奪得荊州，孫權視為不世奇功，對二人封賞不絕。

接下來是陸遜的代表作，夷陵之戰，劉備率大軍東征，孫權命陸遜為大將軍，身為最高統率，陸遜並沒有和蜀漢精銳硬拚，堅守不出，一度被東吳諸將輕視，但陸遜指揮若定，最後看準時機以火攻殲滅蜀漢大軍，寫下歷史的新頁。

以現代的角度來理解，陸遜打從二十一歲開始在孫吳企業上班，起初只是負責繁瑣的小事，但他沒有抱怨，一步一腳印認真解決山賊的威脅，在他三十七歲那年，公司遇上前所未有的危機，劉備帶大軍來報仇，這時候孫權重用陸遜，雖然說是升職，但一點也不讓人開心，如果陸遜打了敗仗，恐怕公司就要滅亡了，再說陸遜臨時升上高位，有些老將看不起他、不願聽從他的指揮，這簡直是最糟的狀況，虧得陸遜竟然能夠在這樣的逆境中打贏了重要的一戰。

這數十年來，陸遜立下的功勞，數也數不盡，孫權封他為上大將軍，地位在原來的三公之上，其後丞相顧雍過世，孫權又封陸遜為丞相，在外征戰、內理政事，陸遜完美詮釋了什麼叫作「出將入相」。

想當然，這數十年來的功績，孫權都看在眼裡、感激在心頭……吧？

不，當陸遜捲進吳國複雜的太子之爭，過去的一切便再也不重要了。

孫權晚年性喜猜忌，不聽重臣之言，多次做出獨斷的決定，又有意廢去太子孫和，另立孫和的弟弟孫霸，陸遜數次上書，言辭懇切，希望能面見皇帝，但孫權不允許，連見也不肯見他一面。

不僅如此，孫權不滿陸遜插手廢立太子之事，多次派人到陸遜家指責他，陸遜一片忠心，竟換得如此下場，最終悲憤攻心而死，享年六十三歲。

這個故事再次印證了職場上的那句名言：年輕人，好好做，老闆一定會看到的。是啊！你一生為了他做牛做馬，然後，他就真的不把你當人看了。

說書人後記

陸遜的故事說來哀傷，不過，最後還有一個勉強讓人欣慰的轉折。陸遜逝世六年後，老闆終於良心發現，還了他一個公道，孫權對陸遜之子陸抗吐露了心聲。

權涕泣與別，謂曰：「吾前聽用讒言，與汝父大義不篤，以此負汝。」

——《三國志．陸遜傳》

孫權流淚說著，他聽信小人之言，對不起陸遜和陸抗，但未免太遲了。平心而論，孫權年輕時或中年時期，稱得上英明有為、善用人才，然而晚年種種行為，叫人搖頭嘆息。

說書人雖是諸葛亮的死忠粉絲，但論軍事能力、政治能力、志節與情操，陸遜未必在諸葛亮之下，堪稱天下奇才；孫權如此對待陸遜，令人心酸不捨，相較之下，諸葛亮鞠躬盡瘁，卻比陸遜幸運多了。

不過，像劉備和孔明這樣的君臣關係可遇而不可求，說實在的，既然我們不是諸葛亮，老闆也不是劉備，那麼，還是不要輕易鞠躬盡瘁比較好。

現代職場上，當然不必無條件為老闆犧牲奉獻，如果遭到不合理的對待，應該如何調整心態？請看下一回故事。

五　職場霸凌，何時方休？

——于禁並不是羞愧而死，而是遭到欺凌憂鬱至死。

有人說，氣度決定你的高度。不過，在某些特殊狀況下，或許應該這麼說：老闆的氣度，決定了你的高度。

每到颳風下雨之際，說書人往往會想起于禁的悲慘故事。

關羽北伐樊城，曹操忌憚關羽，派出于禁和龐德帶兵支援，當時遇上暴雨，關羽乘勢水淹七軍，曹軍潰敗，于禁與龐德只能勉強登上高處，無所迴避，關老爺乘著大船寫下人生中最後一頁輝煌的戰功，最終于禁率三萬部眾投降，鄰近盜賊亂軍紛紛歸順，關羽大名威震華夏（隔年，關羽不敵曹操和孫權的聯軍，敗陣身亡）。

雖說如此，此戰實際上帶有運氣成分，若沒有那場大雨，戰事將如何演變，實屬未知。

然而，時光不能倒退，歷史總是殘酷的：當洪水退去，于禁不但找不到他的褲子，而且再也找不回他的尊嚴。

太祖聞之，哀歎者久之，曰：「吾知禁三十年，何意臨危處難，反不如龐德邪！」

——《三國志．于禁傳》

曹操聽聞龐德被斬、于禁投降的消息，哀嘆良久說道：「我和于禁相識相知三十年，誰知道面臨危難，反而不如龐德啊！」

龐德兄長在蜀漢為官，戰前有人質疑他的忠誠，龐德大聲說道：「我受國恩，義在效死！」後來，他果然力戰不降，死前還迎面怒罵關老爺幾句，也算是死得相當威風了。

由於有龐德這個對照組，更顯得于禁的處境尷尬。

身為曹魏重要的部將，于禁投降看似匪夷所思，然而，正因為他過去立下許多功勞，曹操應該也不會治罪他的親族；于禁這三十年來克盡職守，不至於愧對原主，水淹七軍時敗局已成，他投降可以保全三萬部眾跟自己的性命，這也是可以理解的。

曹操不愧為一代霸王，他確實善待于禁的親人，其後于禁之子仍然加官封侯，這就是曹操的器量。

于禁身在荊州，當關羽敗亡之後，他落到了東吳手中，于禁後來在吳國的日子過得更糟，因為他遇上了虞翻。

虞翻，字仲翔，個性剛正，但直率的個性常常惹怒老闆，可說是東吳有名的嘴砲戰神。

孫權非常禮遇于禁，有一次，兩人乘馬並行，虞翻忍不住上前，揚起馬鞭欲抽于禁，一面說道：「你這叛將，竟然膽敢與我們主公比肩！」

雖然孫權及時阻止，但昔日在戰場上叱吒風雲，于禁做夢也想不到竟然有差點被文官賞鞭子的一天吧。

又有一日，孫權請群臣宴飲，聽著音樂，于禁突然想起了故鄉，眼淚不由得流了下來。

虞翻又跳了出來說道：「大家喝酒開開心心的，你是在哭什麼啦！我看你只是裝可憐想要保命而已吧！」

到了晚年，曹丕正式稱帝，孫權向魏國低頭稱臣，並遣于禁回國，戰神虞翻仍不放過他，極力勸說孫權殺于禁，孫權翻了翻白眼沒有理他，終於，于禁踏上旅程，再次回到魏國。

雖然心中有些忐忑，但于禁當年立下了多少功勞，他心想：「回到魏國，就算不免有閒言閒語，比起在東吳被人這般欺凌，再怎麼樣也不可能比之前更慘了吧。」

於是，于禁白著鬚髮、一臉憔悴晉見魏文帝曹丕，說書人忍不住猜想，此處暗藏文章，見皇帝可是件大事，正常來說，應該好好沐浴整理儀容再上朝，于禁又不是職場新鮮人，怎麼會不知道這個道理呢？

帝引見禁，鬚髮皓白，形容憔顇，泣涕頓首。

——《三國志．于禁傳》

于禁見到皇帝後，叩首涕泣，完全不像昔日英偉的將軍，一方面固然是回歸故國、真情流露，另一方面，他大概也想讓皇上知道他心繫祖國，這些年過得一點也不好。

然而，論心眼詭計，曹丕自是不遑多讓。曹丕溫言慰藉于禁，還舉了兵敗後將功折罪的將領為例勉勵他。在蒼老的于禁心中，或許終於感受到生命最後的一絲溫暖。

一絲，真的只有一絲。

之後，曹丕派遣于禁出使吳國，于禁心中大概已知道不妙，他本來便不是以外交政治見長，在東吳更是受到許多創傷；另外，曹丕還交代于禁，行前記得先到武帝陵屋前上個香，於是，年邁的于禁祭拜曹操之際，看到了一幅讓他老淚縱橫的畫作。

曹丕準備了什麼樣的畫作給這位老將軍呢？

于禁抬頭一看，只見畫中關老爺神威凜凜，但龐德力戰不屈、昂首怒喝；再看另一個將軍畏畏縮縮、跪地求饒，那人不是別人，正是他自己。

史書記載于禁羞慚而死，但用現代的角度來看，一個過往戰功彪炳的老將，晚年三番兩次被連續羞辱，他很可能是重度憂鬱症而死的。

司馬光於《資治通鑑》中評論，于禁身為重臣，既然降而復歸，皇帝可以廢了他、可以殺了他，但不該故意凌辱他，這實在不是君王應該有的行為。

說書人持相同的看法，曹丕畢竟年輕，當老闆的這樣對待部下，又有什麼好處呢？看看真正精明的老狐狸，曹操、劉備創業過程中，對待降將一向寬厚，這才是大老闆的氣度，就算其中帶有演戲成分，但自然而然讓部屬更願意為他們賣命，這才是高明的御人之術啊！

說書人後記

故事中，曹丕準備的畫作固然傷人，但在那之前，其實已經累積了不少傷害。我想于禁並沒有那麼天真，當他回國時，多多少少察覺到皇帝與眾臣都不把他當作一回事，這種欺凌恐怕比身在東吳時更加嚴重。

根據記載，雖然之前虞翻罵于禁毫不嘴軟，但于禁仍感佩虞翻率直的個性與識見，連魏文帝曹丕也十分認同，甚至在魏國設了一個「虛位」坐席給虞翻，可見對虞翻的重視。

各位看官是否感到疑惑，真的是這樣嗎？

我想事情沒有這麼單純。

曹丕根本不認識虞翻，只能從于禁口中聽到相關事跡，那于禁又怎麼會將這麼不堪的事說予君王聽呢？合理推測，于禁很可能是藉此訴說身在東吳的委曲，但又怕太過明顯，只好嘴巴上講佩服虞翻，想不到曹丕這傢伙裝作聽不懂，還真的讚嘆起了虞翻。

試想，眾臣各坐其位，曹丕竟多設了一個虛位給敵國的虞翻，而說到虞翻有名的事跡，正是數落于禁，這對于禁有多麼諷刺啊！

至於曹操高陵的壁畫，只不過是最後一擊罷了。

古時這種「從一而終」的觀念強烈，造成了于禁的悲劇；不過，說書人想對于禁說，事實上曹操是諒解他的（善待其家人），所以別想太多了，請好好安息吧。

于禁的故事聽起來離我們很遙遠嗎？其實並沒有，在亞洲，或許是職場文化比較壓抑的關係，日本、韓國或台灣都有相似的案例。

我看過日本報導，大學畢業生得到大企業的「內定」（指在學時面試提早取得畢業後的工作，並非走後門），開始上班之後無法適應，被壓力壓得喘不過氣，在公司持續被上司用言語羞辱，跟家人說要辭職卻又得不到諒解，只聽到「大家都搶著進入這家公司！千萬不能辭職！」於是，他沒有選擇辭職，他選擇了自殺。

韓劇《哈囉掰掰，我是鬼媽媽》，其中有段故事，一名嚮往時尚雜誌工作的年輕女子，進入雜誌社後卻遭到各種不合理對待，前輩亂丟垃圾叫她撿、甚至用大頭針惡整她，她不堪負荷，後來自殺變成了鬼魂；這不只是戲劇創作，這是由二〇一八年的真實事件改編的。

聽起來很不可思議嗎？旁人肯定想說，如果做不下去，離職就好了，于禁沒辦法跟曹丕說他不幹了，但現代人可以啊！如今有勞基法保障、有更多手段來維護自己的權益，怎麼如此想不開呢？然而，這就是職場欺凌可怕的地方，當惡意變成了每天存在的日常，長期遭受這種毫無道理的攻擊，身心狀態都會變得扭曲，受害者根本無法好好面對這些問題。

在這些案例中，我絕對不認為他們「太脆弱了」，不是當事人，根本無法體會那種被霸凌、被壓力擊潰的絕望；如果遇到這樣的狀況，最好的方法就是向值得信賴的親人朋友訴說，當受害者無法正常思考，那就必須依靠旁人的力量，協助他做出選擇，真心的關懷與陪伴，或許就能幫助他度過這一關。

上一回和這一回說了陸遜與于禁的故事，兩人的結局同樣令人嘆惜，畢竟活在舊時代的帝王制度，根本沒有任何反抗的機會，不過，別忘了，我們是可以反抗的。

請記得，工作並不是你生命的全部，你的價值絕對不是由老闆、由同事來決定，你的人生價值，由你自己來決定。

六 老闆看不到我的長處，怎麼做才能出頭？

——龐統告訴你「老闆永遠是對的」。

無論面對多好的老闆、多難搞的老闆，別忘了千古不變的道理，老闆永遠都是對的，如果他有錯，那麼你一定也有錯。

《三國演義》說「臥龍鳳雛，得其一可得天下」。話雖如此，你知道在歷史上，鳳雛龐統一開始根本沒有受到劉備的重用嗎？

龐統的故事，告訴我們幾個重要的職場守則。

先主領荊州，統以從事守耒陽令，在縣不治，免官。——《三國志．龐統傳》

龐統第一份工作是小小的縣令，但他這份工作做沒多久，便遭到撤換。

一個社會新鮮人在試用期被開除倒不奇怪，奇怪的是，這時候諸葛亮與魯肅同時寫推薦信給劉備，認為不能只讓龐統做個小小的縣令，應該給他更大的舞台，鳳凰方能展翅高飛。

沒錯，魯肅，就是那個隔壁公司東吳的魯肅（奇怪關你屁事啊），由此可見，龐統做人有多成功，他在荊州經營的人脈，適時發揮了作用。

這大概就是龐統教我們的第一課：職場上，成功需要靠實力，但是當你無法發揮實力的時候，那就靠關係……

因為這件事，劉備立刻傳龐統來面試，這才發現龐統識見不凡，於是開始重用龐統；龐統也沒有讓劉老闆失望，他提出攻打益州劉璋的具體企畫案，在劉備入主益州時扮演非常重要的角色。

劉備用龐統之計，連戰連勝，占領了涪城，距離劉璋所在的成都只差最後一步，當天晚上，劉備就在涪城大開慶祝派對。

劉備高舉酒杯，回想不久之前還在當陽長坂拋家棄子逃命，如今志得意滿，忍不住說道：「今天像這樣跟大家一起喝酒，實在是人生樂事啊！」

置酒作樂，謂統曰：「今日之會，可謂樂矣。」統曰：「伐人之國而以為歡，非仁者之兵也。」

——《三國志．龐統傳》

想不到龐統竟然回答道：「以攻打別人為樂，這不是仁者之兵。」

劉備正在興頭上，被龐統這樣一打臉，當然不是滋味，他喝得半醉，立刻叫人將龐統轟出去，心中一邊或許還暗暗罵道：「媽的！當初還不是你教我打的！」

沒過多久，劉備便感到後悔，心知龐統說的是正論，攻打曾經幫助他的劉璋這件事本來就有違仁義，為了大義而捨小義倒也罷了，但萬萬不能引以為樂，於是他派人將龐統請了回來。

如果你是龐統，這時候會怎麼應對呢？是不是該向老闆低頭道歉？

龐統回座，沒有低頭道歉，也沒有繼續進言，他像什麼事都沒發生一樣，自顧自地飲食。

這麼一來，反而是劉備過意不去了，他忍不住開口問道：「剛才的事，是你的錯還是我的錯？」

先主謂曰：「向者之論，阿誰為失？」統對曰：「君臣俱失。」先主大笑，宴樂如初。

——《三國志．龐統傳》

龐統何等聰明，劉備主動找他回席，又出此言，已有低頭之意，於是龐統說出了堪稱模範員工的答案。

「我們都有錯。」

劉備大笑，君臣之間相視而笑，再無芥蒂。

實際上，龐統當然沒有過錯，對於劉備的失言勇於指責，可見其操守，對老闆的問題圓融回應，可見其智慧。

這個故事值得現代所有上班族參考，請記得以下兩個重點。

一、身為員工，不應該一味迎合上司，如果你有一個好老闆，當他偏離了正道的時候，就是你直言上諫的時候。

二、直言上諫的時候，別忘了千古不變的道理，老闆基本上都是不會犯錯的，如果他真的有錯，那麼，你一定也有錯。

嗯……說起來，前面說的似乎都是多餘的，只要記住最後這點，在職場上大概就無往不利了吧！

說書人後記

龐統在劉備陣營之中，是一個非常特殊的存在。

歷史中，劉備「喜怒不形於色」，並不常見哭泣的記載，但龐統過世時，劉備真情流露，痛哭流涕。

事實上，劉備和龐統相識的時間，非常短暫，不免讓人多想，劉備的眼淚是真心的嗎？該不會是在演戲吧？

這就要說到龐統的性格了。龐統最特別的一點，就是集光明與黑暗於一身。他雅好人倫、重視教化，卻提出背後偷襲劉璋這種狠毒的計策；他極力勸說劉備進攻，卻在打了勝仗之後，直言不該以此為樂，乍看矛盾，但這就是龐統的人生哲學與智慧。

「仁義」並不是只有一種模樣，劉備以龐統為鏡，看見仁義與手段是可以並存的，只要諸葛亮、法正、龐統在他身邊，他就能夠朝理想前進，成為兼具光明與黑暗的君王。

回想當初，劉備沒有發現龐統的才幹，或許劉備的眼淚也是對龐統訴說著，「我怎麼沒有早點認識你的好處呢！」

儘管如此，劉備畢竟還是重用了龐統，並且聽了龐統的勸說，我想在龐統心中，他也不會怪罪他的老闆吧。

事實上，身懷才能卻沒有更早受到劉備重用的文臣，還有其他人物，那他們是怎麼讓老闆看見自己的呢？請看下一回的故事。

七　不理工作、喝酒作樂也能升官？

——蔣琬、費禕另類的升遷之路。

一個能力優秀的人才，為什麼會在縣城中亂搞呢？他們很可能抱著這樣的想法，這工作完全不符合自己的理想，既然如此，乾脆直接跟老闆賭一把。

三國中，蜀漢是最弱小的國家。

當諸葛亮過世後，一直以來支撐蜀漢的丞相不在了，那麼是誰扛起挽救國家命運的重責大任？

根據歷史記載，諸葛亮的下一任接班人是蔣琬，再下一任則是費禕。如果你對三國沒有深入研究，蔣琬和費禕大概是比較陌生的名字，不過，這邊有一個簡單的方式讓你快速記住他們，這兩個人可以合稱為「飲酒作樂卻升官」的代表人物。

蔣琬本來在成都南部的廣都縣當一個小小的縣長，劉備剛好出遊到廣都，於是他叫地方縣長出來，誰知道叫了半天，竟然沒人理他。

劉備親自上縣政府辦公室一看，哇！只見公文堆積如山，不知道荒廢多久的政事，正待發怒時，「縣長」搖搖晃晃走了出來。

先主嘗因游觀奄至廣都，見琬眾事不理，時又沉醉，先主大怒，將加罪戮。

——《三國志・蔣琬傳》

蔣琬不出來還好，他一走出來，渾身酒氣，劉備看到這個上班時間酗酒的傢伙，當下震怒，立刻叫人把蔣琬抓起來處以重刑。

這時候諸葛亮出面阻止，說道：「我知道蔣琬的為人，他施政以安民為主，不擾民、不做表面功夫，希望您重新考察他。其實蔣琬並不適合管理方圓百里之地，他有治理國家的才能啊！」

劉備看了看蔣琬，心中仍不太相信，但他向來尊重諸葛亮，於是免了蔣琬的罪名。聽起來和上一回說的龐統有點像對吧？其實《三國演義》就是把蔣琬的故事移到了龐統身上，歷史中，龐統「在縣不治」還不算什麼，蔣琬又不治、又喝酒，而且直接被劉備看到酒醉的窘態，這比龐統誇張多了。

後來，劉備當上漢中王，讓蔣琬擔任尚書郎，這次升官以後，蔣琬的表現越來越好，面對繁重的政務與文書工作，他都處理得有條有理；如諸葛亮所說，蔣琬在國家政事上更能發揮他的才能。

諸葛亮北伐時，蔣琬一方面維持朝政、一方面供應兵源與糧食，總是能夠完美達成任務。諸葛亮晚年想到身後之事，於是祕密上表給後主劉禪說：「如果我不幸去世，國家可以託付給蔣琬。」

諸葛亮在《出師表》中點名蔣琬、費禕，希望劉禪重用這樣的賢臣，而蔣琬和費禕沒有辜負期望，後來他們主政確實穩住了蜀漢的局面。

當初劉備恐怕萬萬想不到，他死後二十年，竟然是當初那個喝醉酒的小官撐起國家吧。

蔣琬心胸寬大、處事公正嚴謹，位居重任後，一改之前輕狂縱酒的模樣，他從一個「酒國英雄」變成了蜀漢英雄，為國事盡心盡力，頗有當初諸葛丞相的風範。

至於下一位接班人費禕，他的性格更是特別了。蔣琬和諸葛亮兩人執政頗有相似之處，成熟穩重，但費禕跟他們這種正經八百的政治人物完全不同，費禕不但能喝酒、而且還喜歡開趴玩各種派對遊戲。

費禕曾多次出使吳國，孫權是個喜歡用刁鑽言語考驗使者的君王，但費禕總是能輕鬆應對拆解，有一次孫權存心想要挫挫他的銳氣，於是先用好酒灌醉了費禕，再向他問話。

孫權每別酌好酒以飲禕，視其已醉，然後問以國事，并論當世之務，辭難累至。禕輒辭以醉，退而撰次所問，事事條荅，無所遺失。

孫權連續提出當今局勢與國政大事的問題，這連清醒的人都不容易擬稿回答了，眼看費禕臉上醉醺醺的，但他一一條列回應、竟沒有半點錯漏，讓孫權佩服不已。孫權不再拐彎說話，他直接對著費禕嘆道：「唉！可惜！以後我很難再看到你出使了吧。以你的才幹，蜀中的國事肯定落在你身上了。」

——《三國志．費禕傳》引注《禕別傳》

孫權猜得沒錯，當時蔣琬擔任尚書令兼大將軍，一肩扛起國家重任，蔣琬死後，下一位尚書令兼大將軍正是費禕。

常以朝晡聽事，其間接納賓客，飲食嬉戲，加之博弈，每盡人之歡，事亦不廢。

——《三國志．費禕傳》引注《禕別傳》

費禕主政後，並沒有改掉開趴作樂的習慣，他閱讀的速度與記憶力過人，常常一邊聽人奏議國事、一邊陪賓客飲食嬉戲，有時可能還會親自下場玩兩手，大廳上氣氛熱絡、人人盡興，而費禕同時批閱公文、做出決策，完全沒有荒廢政事。

史冊中，費禕的評價褒貶不一，他的能力無庸置疑，但他的胸襟器量不如蔣琬，而且費禕的死法也讓人忍不住搖頭（在一次宴會中，費禕喝得興高采烈，被魏國投降人士郭循刺殺）。

好了，那麼蔣琬和費禕的故事告訴我們什麼道理呢？諸葛亮提拔了蔣琬、費禕、龐統等人才，如果你認真看到這裡，相信明眼人都知道，喝酒胡鬧還是能夠升官的方法，其實非常簡單……

沒錯！只要你認識諸葛亮就行了！

說書人後記

好啦！說正經的，這一篇應該和上一篇結合來看，更能看出啟示。

龐統在縣不治，差點被開除，蔣琬喝酒誤事，更是差點被劉備重懲，但你深入想想，這兩位都是聰明絕頂之人，為什麼會幹出這種蠢事呢？

讓我們代換到今日的場景看看吧。假如你進入某公司當行銷助理，老闆告訴你，多多累積經驗，之後會讓你負責大專案，但幾年過去了，你的實力明明已經勝過公司裡的老鳥，卻仍然當個助理，上面的人賴著不走，根本沒有升職或加薪的空間，你會選擇怎麼做？

其實，這就是龐統和蔣琬的狀況。

如果公司有一個像諸葛亮的主管，直接跟老闆說你有能力，那當然是最棒的結果，但這種事可遇不可求，所以只好「出奇招」了。

分享一個我的親身經歷，之前的公司召開員工大會，平常很少現身的老闆坐在高高的位子上，聽每個小組報告業務狀況，大家幾乎都說工作進度非常順利感謝主管感謝老闆……輪到我開口，我直接說公司制度有問題，若不做改革，表面上沒什麼，但新的想法和企畫永遠無法執行，開會根本是浪費時間。

當時，公司底下有一大票員工，老闆只叫得出幾個主任的名字，不過他在那天記住了我。然後……然後我就升職加薪了。

這並不是要告訴大家，說書人真是「神機妙算」，老實告訴你，那一天，我說了那些話，只是因為我想要辭職了。

再看看龐統或蔣琬，為什麼他們在縣城中亂搞呢？他們很可能就是這樣的想法，這工作完全不符合自己的理想，既然如此，乾脆直接跟老闆賭一把，要麼你就重用我、要麼你就開除我，反正叫我做沒意義的小事，不做也罷，早點離開還可以尋找下一個理想的公司。

想要「出奇招」，千萬不要只學一半，喝酒也好、對老闆大聲講話也好，那倒不是重點，當老闆把你叫到身邊的時候，你有沒有真材實料，這才是最關鍵的。

我的老闆曾問我，你說公司制度太死板，那應該怎麼做比較好，我剛好把我思考已久的新方案說了出來；而劉備正視龐統之後，龐統趁機提出他的「益州攻略企畫書」，劉備真的就照著這個規劃順利打下了益州。

想想看，龐統的企畫書難道是一個晚上突然想出來的嗎？當然不是，當年他在縣城，無心理會小事，恐怕就是因為他腦中想的是更大的戰略計畫。

如果你有本事，那就付出行動、勇敢表現，讓老闆看到你的本領。

假如龐統跟蔣琬沒有真功夫，就算諸葛亮推薦，他們來到劉備身邊也不會有什麼好事，只會再次被開除吧！

八　工作遇到麻煩，該不該向上司反應？

——是諸葛亮錯了？還是馬謖跟李嚴錯了？

在三國歷史中，馬謖和李嚴常常被抓出來罵，可說是失敗者代表，從史書中看起來，他們確實犯了愚蠢的錯誤，但這樣的錯誤，你跟我可能都犯過。

如果你跟我一樣，都是三國中的蜀漢粉絲，那對於馬謖和李嚴大概都不會有什麼好感。

在劉備過世後，劉備的兒子後主劉禪即位，諸葛亮上《出師表》，開始了一段出師北伐可歌可泣的故事。雖然諸葛亮五次北伐，最終的結果是壯志未酬、病死軍中，然而在第一次北伐和第四次北伐，諸葛亮曾有非常好的機會，而這兩次失敗的關鍵人物，就是馬謖和李嚴。

先看第一次北伐，「馬謖失街亭」是怎麼一回事。

當諸葛亮突然發動第一次北伐時，魏國嚇了一大跳，諸葛亮用趙雲當疑兵，自己卻親率大軍攻打西邊的祁山，聲東擊西，讓曹魏驚懼震動，魏國西邊的南安郡、天水郡、安定郡三郡直接舉白旗投降，可見諸葛亮這次用兵，開頭占盡了優勢。

那為什麼要守街亭呢？街亭在祁山北方，位於南安、天水、安定三郡的中樞地帶，這時候街亭還沒有任何戰爭發生，但諸葛亮知道，魏軍從東面率軍來救援，必定會經過街亭，於是他先派出馬謖防守，就像是在棋盤中搶先下了一子，這一手非常重要。

諸葛亮則在後方，一面策動三郡響應反魏，一面攻打其他還在抵抗的郡縣，如果馬謖能堅守街亭，等諸葛亮大軍到來，魏軍多半只能選擇退兵，所以蜀漢明明掌握主動權，目標卻不是「繼續向北進攻」，而是「守住街亭」。

接下來發生的事情，大家可能都聽過了。

謖捨水上山，舉措煩擾，平連規諫謖，謖不能用，大敗於街亭。

——《三國志．王平傳》

馬謖違背諸葛亮的指示，幾次改變號令，他放棄在平地布陣防守，反而率領軍隊跑到山上扎營，資深的副將王平勸阻，馬謖不聽，仍然下令登山，後來遭到敵軍包圍，山上的蜀軍斷了水源，在魏軍的攻擊之下，全面潰敗，失去了街亭這個要衝，諸葛亮只能選擇撤退，這次北伐開頭頗有優勢，最後卻以失敗告終。

這樣看下來，馬謖上山這件事簡直不可原諒，因為他堅持登山，害得蜀漢打輸重要的一場戰役，究竟馬謖為什麼要爬上那座山呢？因為，山就在那裡？不是這樣吧！

有人說，馬謖就是個死讀書的笨蛋，讀了兵法卻只會紙上談兵，但他真的是這麼單純的笨蛋嗎？

事實上，在史書記載中，馬謖富有智謀，諸葛亮才會選擇在這個緊要關頭，推出他信任的馬謖上前線。如果我們換個角度，重新檢視馬謖的計策，說不定這個「登山之計」也有幾分道理。

馬謖依南山扎營，王平提醒他，敵軍必定會圍山，可見馬謖並不是不知道其中風險，他知道危險，仍想要險中求勝。當時魏國派出名將張郃，率領大軍殺來，如果依照教科書在平地列陣打仗，馬謖恐怕也打不贏老江湖張郃，倒不如行險登山，對方圍山而攻，反而能夠以此布陣應對，而且魏國的騎兵不利於山地野戰，如果在山上倚靠地利，一股作氣衝鋒而下，馬謖很可能打出一場名垂青史的大勝仗……

說到這裡，我好像發現馬謖的問題了，他真正的毛病並不是他太笨，而是他想打一場大勝仗！

別忘了，諸葛亮交代的任務是守住街亭的魏軍，不是去打敗魏軍啊。

我從前不喜歡馬謖，甚至笑他是「史上最差勁的登山家」，不過，如果深入去思考，一個人無論做出什麼決定，背後都有原因，聰明人尤其如此，這雖然只是我的推理猜測，卻可以解釋許多疑問。

面對諸葛亮的防守戰略，後起之秀馬謖可能想藉此證明：丞相，你看著吧！如果你不敢冒險，讓我來！我來為你開創新的未來！

當然，馬謖自身沒有衝鋒陷陣的武力與統率力，卻選擇了強攻的戰略，可謂不智，但他不只是一個看不清危險的笨蛋，他是明知危險卻仍勇敢挑戰的笨蛋。

因為，山就在那裡——登山一定有風險，不過，或許在那個瞬間，馬謖知道他想要抓住機會奮力一搏，如果成功了，他將打下前所未有的成就，這是他逆轉自己人生的機會，也是蜀漢逆轉命運的機會。

至於馬謖的真實心情，到底是為了自己登山，為了諸葛亮登山，還是為了國家的未來登山，已經不得而知了。

看過了諸葛亮初次北伐，再看看第四次北伐，這和第一次有點相似，諸葛亮擊敗魏軍，蜀漢占了優勢，卻在這個時候，後方傳來糧草不夠的消息。

運糧的將領是李嚴，他和諸葛亮一樣，是深受劉備、劉禪倚重的重臣。諸葛亮這次用兵祁山，李嚴在後方負責後勤運輸，當時連日下雨，糧草供應不上，李嚴派人上前線說朝廷叫諸葛亮回來，沒有糧草，士兵當然打不了仗，雖然這是千載難逢的好機會，諸葛亮也只能黯然退兵。

平聞軍退，乃更陽驚，說「軍糧饒足，何以便歸」！——《三國志‧李嚴傳》

奇怪的是，李嚴聽聞諸葛亮退兵，他故作驚訝，寫信對諸葛亮說，軍糧還很充足，你怎麼真的退兵呢？

又表後主，說「軍偽退，欲以誘賊與戰」。

——《三國志・李嚴傳》

李嚴回頭又寫表章，上表後主說，現在軍隊假裝撤退，這是他和諸葛亮的誘敵之計，絕口不提糧草問題，想要藉此掩飾他自己運糧的過失。

如果你聽得一頭霧水，沒錯，當時劉禪也聽得滿頭問號，但諸葛亮撤軍，來到後主面前，出示李嚴前後的書信，謊言立刻拆穿，很明顯是李嚴假傳軍情，這可是重罪，於是後主除去了李嚴的所有名位，將他貶為平民。

看完了以上兩段故事，如果是諸葛亮的信徒，肯定恨透了馬謖跟李嚴，前者是自信心過盛，一個新秀將領，竟然以為自己能打贏魏國大將張郃，太天真了吧！後者則是不負責任又謊話連篇，打仗時後勤非常重要，所以我說李嚴那個糧草呢？你不會運糧你要先說啊！

好，平心靜氣。這兩則故事能不能用不同觀點切入，找出其他可能性呢？

反對諸葛亮的人提出了一種說法，有人認為諸葛亮本來就長於政治計算，「揮淚斬馬謖」只是把敗戰的責任推到年輕的馬謖身上，至於李嚴，他在蜀漢的地位非常高，諸葛亮跟李嚴當初都是劉備的託孤重臣，這很有可能是政治鬥爭，諸葛亮為了自己才犧牲這兩個倒楣鬼，這是諸葛亮在搞鬼！

我不會說可能性是零，但這個可能性相當低。歷史記載，馬謖跟李嚴對於諸葛亮沒有任何怨言，甚至對諸葛亮還有感念之心，如果他們是被陷害的，這未免太扯了。而編寫《三國志》的陳壽，撰史以嚴謹著稱，他也不至於揑造這種無意義的謊話。

所以問題又還給了觀眾，這也是說書人在這本書中一直想傳達的觀念，只讀書不一定會看到更多東西，思考才會看到更多東西。

從馬謖跟李嚴的故事中，除了「盲目自信導致失敗」、「說謊釀成大禍」，你還看到人性的哪個毛病呢？

說書人後記

馬謖、李嚴絕對不是笨蛋，而是一時的人傑，他們的毛病，未必只發生在遙遠的古代，今日你和我都可能有同樣的問題而不自知。

以前我只覺得馬謖跟李嚴是扯諸葛亮後腿的豬隊友，完全不懂他們在搞什麼鬼，但這樣讀歷史，得不到什麼收穫，不妨想像看看，如果你是馬謖、如果你是李嚴本人，到底該怎麼做，才是最好的選擇呢？

只要試圖換位思考，你就會發現，他們的處境實在是非常困難。馬謖對陣的是魏國大將張郃，雖然說諸葛亮交代，只要堅守就好，但張郃戰績顯赫，馬謖死守未必有用，或許就是因為這樣，他才臨時決定帶著軍隊冒險登山，試圖一搏；再看看李嚴，他是因為天氣耽誤了運糧的時辰，嚴格說起來，連續下大雨也不是他的錯啊！

明白了他們的難處以後，我自己想來想去，在那當下，大概只有一個方法，就是「勇敢對上司說出實話」。

馬謖「舉措煩擾」，可見他的動搖，當時他很可能經過一番掙扎，到底該在平地就地布陣，還是該上山扎營，馬謖連續下了幾道指令，讓士兵無所適從、不堪其擾，這也是敗戰的原因之一。

既然拿不定主意，為何不派人飛馬回去大本營請教呢？當然，戰場上瞬息萬變，派人回去問諸葛亮或許也來不及，但馬謖三番兩次改變號令，想要強攻卻帶有猶豫，又不聽旁人的指示，這幾乎是典型的失敗案例。如果諸葛亮提早得到馬謖求救的訊息，至少還有機會做出其他調度來彌補，而不是變成這種最糟的結果。

再看看李嚴，老天下雨是沒有辦法的事情，假如他勇敢對諸葛亮說實話，明確傳達糧草會延誤多久，詢問諸葛亮的軍隊要繼續北伐還是要選擇退兵，這樣會不會好一點呢？

如果這樣做，李嚴身上還是有責任，後勤本來就該提早準備，他卻沒有事先做到各種考量，耽誤了軍糧運送，對於李嚴個人來說，可能會受到懲罰，但李嚴為了逃避責任，隱瞞真實情況，讓前線諸葛亮的大軍，完全搞不清楚後方發生了什麼事，這樣的行為只是讓蜀漢整體受到更大的損害。

話說回來，為什麼李嚴不誠實說呢？現在仔細想想，我似乎越來越能夠理解李嚴跟馬謖的心情，他們都是有才能的人，自尊心高，不肯輕易向人低頭，重讀這段故事，我越想越慚愧，我也是這樣的人啊！以前我還笑這兩個傢伙有問題，卻忘了自己身上也有同樣的問題。

人最可怕的心理狀態就是「自以為沒問題」，覺得自己做得到，所以沒有更早面對問題，甚至逃避問題，等到事情越滾越大，那就來不及了。

我們當然不可能拿每一件小事去問老闆或上司，但如果碰上了影響公司的大問題，最好還是誠實回報，並且承認自己的錯誤，雖然說很多老闆聽不進人話，不過如果能好好表達，目前工作執行起來遇到哪些問題，比起隱瞞狀況、埋頭苦幹卻把事情搞砸，選擇將前因後果說個明白，絕對是更好的方法。

如果自己解決不了問題，請別逃避問題，勇敢面對，試著向上司反應你的問題吧。

很多人總是說，跟老闆講了又沒有用，但你沒有勇氣講，怎麼知道沒用呢？
跟老闆說話的藝術，我們看看下一回，諸葛瑾就是模範人物。

九　要升遷，難道只有拍馬屁這條路嗎？

——諸葛瑾表示，那不是拍馬屁，而是說話的藝術。

雖然大家常常說「老闆不是人」，但我們心裡很清楚，老闆也是人，也會有情緒，有時候像天使，有時候宛如惡魔，所以說，如何讓老闆露出天使的那一面，就是一門學問了。

諸葛瑾，字子瑜，《三國志》說他「為人有容貌思度」，果然顏值夠高才能取子瑜這樣的名字（瑾、瑜都是美玉的意思）。

說起三國有名的「常敗大將軍」，曹魏有夏侯惇，東吳則有諸葛瑾。這麼說或許有點苛薄，畢竟夏侯惇是主掌軍事的將領，但諸葛瑾原為孫權的長史，算是孫權身邊的祕書長，本來就不是以統兵作戰見長，後來被外派去打曹魏，不是戰敗便是無功而返，倒也不讓人意外。

不過，諸葛瑾雖然吃了幾次敗仗，官卻越升越高，更在孫權稱帝時當上大將軍。奇怪了，究竟為什麼孫權這麼愛他呢？

與權談說諫喻，未嘗切愕。

——《三國志・諸葛瑾傳》

諸葛瑾與孫權談論事情或有所勸諫的時候，從來不會激烈地直言。

微見風彩，粗陳指歸，如有未合，則捨而及他，徐復託事造端，以物類相求，於是權意往往而釋。

——《三國志・諸葛瑾傳》

諸葛瑾勸說時，如果發現孫權臉色不善，他就會跳過不說，先轉移話題去談別的事情，之後再慢慢用譬喻類比的方法來進言，往往都能成功，讓孫權放棄自己原本的意見。

嗯，說了那麼多，不就是個擅長看老闆臉色的傢伙嗎？

我想不能以現代的意見這樣批判他，畢竟在那個時代，不但沒有勞基法，老闆可以隨便把你開除、甚至可以任意殺頭，諸葛瑾擅長用婉轉的方式勸說孫權，這是他高明的地方。

諸葛瑾長於「揣摩上意」，還有不少事例。

吳郡太守朱治是從前推舉孫權為孝廉的人，相當於大老闆年輕時的貴人，而且是和程普、黃蓋、韓當同梯的老將，孫權對他非常敬重，後來因某種原因與他有了芥蒂，但孫權又不能直接質問長輩，這心結無法解開，讓孫老闆又悶又氣，難以平息。

諸葛瑾猜到了此事的前因後果，他對孫權說，請讓我以我個人的名義去責問朱治，說著他就在孫權的面前寫起信來，透過文字將孫權的心意說個明白，寫完拿給孫權一看，孫權看了露出笑容，說道：「我的怒氣已經消除了，從前說顏回道德高尚，能夠讓身邊的人們更加親近、和諧，說的就是這種事吧！」

話說孫權原本到底因為何事對朱治不滿，史冊沒有明寫，沒有人知道，但偏偏諸葛瑾就是能完全猜到孫權的心意，這幾乎是特異功能了吧！

又有一次，孫權怪罪殷模，殷模的德行高、人緣好，眾臣都為他說情，孫權和眾人辯駁吵架，更加生氣，卻看到諸葛瑾默默躲在一旁，孫權問道：「子瑜，為什麼只有你不說話？」

諸葛瑾離座站好，正色說道：「我和殷模等人遭遇本州大難，百姓幾乎都死光了，我們拋棄祖墳、扶老攜幼，長途跋涉避難至此，蒙聖上給予我們一個安穩幸福的所在，我們卻沒有互相督促，以致於殷模今天辜負了你的恩惠，我認錯都來不及了，所以不敢多說什麼。」

孫權聽了之後，想起這些部屬不畏危難，一起打拚到今天，心中又悲愴又感動，說道：「這次特別看在你的面上赦免他。」

其實看到這裡，大概就知道為什麼孫權喜愛諸葛瑾了，這番話倒不是一味拍馬屁，而是透過講過去的故事來個柔性喊話，其他人跟孫權爭對錯，不過老闆又怎麼能當眾認錯呢？諸葛瑾這話剛好是個巧妙的台階，讓孫權可以安安穩穩、舒舒服服地走了下來。

如果諸葛瑾只是順著老闆的意，奉迎拍馬，那就不是什麼值得尊敬的人物了。但他並不是這樣，諸葛瑾有自己的意見，他只是透過其他方法讓老闆願意聽他的話，畢竟，假如老闆聽不下去，再有建設性的話說了也是沒用。

諸葛瑾和諸葛亮這對兄弟也非常有意思，一個為孫權做事、一個為劉備效力，兄弟感情雖好（諸葛亮後來有子諸葛瞻，當初因為沒有兒子，諸葛瑾還將自己的兒子諸葛喬過繼給諸葛亮當養子），但兩人相見，總是保持著默契，除了公事，不做多餘的往來。

東吳奪得荊州後，當時有人說，諸葛瑾派了親信去向劉備互通消息，其實孫權平常是一位多疑的君王，但他完全不為所動。

權曰：「孤與子瑜有死生不易之誓，子瑜之不負孤，猶孤之不負子瑜也。」

——《三國志・諸葛瑾傳》

孫權說，我和諸葛子瑜的誓言至死都不會改變，子瑜不會辜負我，我也不會辜負子瑜。

說到這裡，讓人不禁懷疑，這兩人感情如此要好，但孫權脾氣差、猜忌心重，晚年尤其明顯，他難道都沒有怪罪過諸葛瑾嗎？

其實還是有的，僅僅一次。

孫權後來信任呂壹，呂壹性格狠毒殘忍、執法過當，重臣陸遜和太子孫登多次勸諫，孫權不肯聽從，造成禍亂，直到呂壹的惡行終於暴露被誅殺之後，孫權才深深後悔，並跟眾臣致歉。

孫權肯拉下臉來道歉，至少還不算是最糟糕的老闆，但他低頭過後，回頭又下詔書責備諸葛瑾和其他重臣道：「你們不能老是只讓陸遜發言吧！我不是聖人，也會有過失，但請諸位對我有話直說啊！」

呃、說書人忍不住想吐槽，當初你家長了勸了又勸，你就是不聽，說話最有分量的陸遜更是說到流眼淚，你還是不聽啊！

或許諸葛瑾就是太了解孫權了，所以才選擇不開口吧。如果他表達強烈的意見，卻跟陸遜一樣遭到無情的對待，以後還有誰能勸孫大老闆呢？

諸葛瑾不只跟老闆的關係良好，同事們也都欣賞他的識見與風度。連東吳最沒有人緣的嘴砲戰神虞翻，也跟諸葛瑾交好，虞翻講話常常得罪人，多次惹怒孫權，諸葛瑾數次為他說情，不然虞翻可能有再多腦袋都不夠砍。

虞翻後來遭到孫權流放，他在書信中說道：「諸葛瑾敦厚仁慈，多次承蒙他的正直言論，才保全了我，但我罪行太重，又被人忌恨，這次是無法獲得赦免了。」

在職場上，要做到諸葛瑾這般圓融，受到每個人喜愛，談何容易，但如果能稍加學習他的精神，大概也是無往不利了。

說書人後記

看完諸葛瑾的生平故事，說書人問各位一個問題，除了說話圓融，諸葛瑾最大的優點在哪裡？請先想一想再往下看。

如果只有善於說話對應，那恐怕真的成了馬屁精。我認為，故事中還可以看到諸葛瑾隱藏的智慧，就是「解決問題的能力」。

解決問題有很多方法，最常見、最有效的一種，就是溝通。

對應上一回的李嚴，其實李嚴非常有才幹，但他剛好缺少了這樣的能力。當他運糧遇到狀況，他只想著如何逃避，而不是想著如何面對問題、解決問題。如果李嚴早點向諸葛亮溝通討論，是不是能讓事情好轉呢？

溝通是一門藝術，不只在職場上，親友之間的交流，經營夫妻或伴侶關係，都需要雙向溝通；我們肯定都遇過，在生氣的情況下對別人口出惡言，讓事情越弄越糟，人難免會有情緒，但情緒並不能幫我們解決問題。

我們應該慢慢學會，對親愛的人說「對不起，我只是想讓你知道我的想法」，對同事或朋友說「抱歉，我們再討論一次好嗎」，這種柔軟的語言，並不是示弱，而是變成熟、變強大的展現。

所以我說諸葛瑾堪稱「溝通大師」。表面上，他順著孫權說話，但經過他柔性的勸說，孫權往往就捨棄原本的意見，聽從諸葛瑾的話。

為什麼諸葛瑾面對孫權，「捨而及他，徐復託事造端」，他並不是怕惹孫權生氣，而是怕惹孫權生氣之後，孫權就不聽他的話了。

諸葛瑾的故事，並不是教大家當個馬屁精；真正的重點，在於他嘗試用各種方式來達成目的，這才是解決問題之道。

十、不擅言詞，在職場上就會吃虧嗎？

——三國外交最大的祕密，其實在於誠實兩個字。

人們常常以為「交際」就是靠著三寸不爛之舌講漂亮話。不過，說話真正的藝術，並不在於說了句謊話，成功讓對方信以為真；如果能靠著一句真話，成功得到別人長久的信任，那才是最高明的。

在大家的印象中，外交使者就是靠一張嘴吃飯，能言善道、死的也能說成是活的，但蜀漢中有位使者鄧芝，他在外交上備受肯定，卻不是以華麗的言詞見長。

當時情況是這樣的，劉備東征孫吳失敗，蜀漢面臨重大危機，劉備兵敗退守白帝城，在東吳陣營中，有人力勸孫權乘勝追擊，但陸遜出言阻止，他認為反而應該與蜀漢重新締結同盟，以免曹魏趁勢發兵來襲。

孫權聽從陸遜之言，兩邊收兵言和，但就在這個時候，蜀漢上下最擔憂的事情發生了——劉備病重，於白帝城逝世。

蜀漢建國的情況特殊，其實國家的命運幾乎全繫於劉備一人身上，當開國君王不在了，內部人心浮動、外部又有強敵，諸葛亮不禁對此憂心忡忡。

在這個時候，鄧芝求見孔明，對孔明說道：「如今先主過世，幼主弱小、剛登上帝位，應該派遣能夠擔當重任的大使再次向吳國表示友好之意。」

「我考慮很久了，一直找不到使者合適的人選，如今終於找到了。」諸葛亮微笑說道。

「你說的人是誰呢？」

「正是你啊！」

鄧芝並不算是非常知名的人物，為什麼諸葛亮這樣看重他？原因很簡單，當時吳蜀已約定談和，如果是沒有危機意識的人，根本不會想到需要出使東吳，反正看起來已經沒事了不是嗎？

然而，亂世中沒有永遠的敵人，也沒有永遠的朋友。鄧芝對這點看得非常透澈，論言語技巧，絕對有比他更擅長言詞的人才，但諸葛亮決定以鄧芝為使者出使東吳，因為鄧芝頭腦清楚、勇於直言，在交涉大事上，這才是最重要的能力。

這讓我們上了一課，大家可能會覺得，即使有實力，如果不會花言巧語哄老闆開心，很難獲得重用；事實上，當上頭有個賢明的領導者，你心中有好的提案，不妨勇於表達，或許就能為自己爭取到更多機會。

鄧芝得到總經理諸葛亮的肯定，接下來出使東吳，是不是一帆風順呢？

不，鄧芝碰了個大釘子——孫權竟然不肯接見他！

鄧芝知道大事不妙，如同他和諸葛亮所擔心的，孫權態度似乎猶豫不定，不然兩國言好，有什麼理由不見來使呢？

鄧芝立刻寫了奏文呈給孫權，信上說道：「我今天前來，也是想要為吳國考量，不只是為了我們蜀漢啊！」

這是外交的慣用手段，先說「這樣對你有好處」吸引對方的注意，不過這個技巧需要搭配強而有力的內容，如果賣保險、推銷東西總是對客戶說我這邊有個最適合你的產品，但實際內容卻不是那麼一回事，這樣只會造成更糟糕的反效果。

孫權想了想，決定接見鄧芝，於是兩人展開了對談。

孫權說道：「我有誠意和蜀國交好，並不是不願意跟你們聯合啊！只是蜀主幼小，國力又弱，若被魏國攻擊，便難以自保，所以我才猶豫。」

鄧芝回道：「吳、蜀聯合起來有四州之地，大王你是當世英雄，而諸葛亮也是一代豪傑，蜀有險要地勢、吳有三江之阻，只要唇齒相依，進可以兼併天下，退也可以鼎足而立，這是很自然的道理。我們當然希望能夠締結友好關係，但若大王向魏國低頭，魏國既會要求大王入朝拜見、又會要求大王將太子送上魏國稱臣，如果不聽從，魏國則奉辭討伐反叛，這時我們也會順長江而下進逼，這麼一來，恐怕江南之地就不再是大王的了。」

鄧芝的分析合情合理，其中說到魏國向孫權要求送上兒子當人質一事，更是切中要害，曹丕確實如此要求，這是孫權最無法接受的事情，鄧芝毫不掩飾、說得明白，吳蜀同盟當然對蜀漢有好處、但同樣對孫吳有利，這就是外交的正道。

鄧芝這樣剛直的言論，並不是讓對方的大老闆聽了會開心的話，但孫權沉默良久，點了點頭，回了一句，你說得沒錯啊！

於是孫吳與魏國斷絕往來，吳蜀兩邊重新和好，孫權派出使者向蜀漢表示善意，而蜀漢再次派出鄧芝回訪。

這一次，鄧芝和孫權見面，和上次緊繃的氣氛完全不同，孫權帶著笑意迎接他。

權謂芝曰：「若天下太平，二主分治，不亦樂乎？」——《三國志．鄧芝傳》

經過上次會談，兩國確定同盟關係，這次孫權心情好多了，甚至說以後東吳跟西蜀可以平分天下，雖然這話不切實際，身為使者，這個時候大概只要擺出交際的笑容陪笑點頭就好了。

不過，猜猜看鄧芝如何回應？

「俗話說，天無二日，土無二王。」鄧芝淡淡說道。「如果我們兩國併吞了魏國，而大王仍不肯領略大漢天命的話，那麼雙方勢必一戰，做臣子的也只能各自竭誠盡忠了。」

孫權聞言大笑，說道：「你的坦誠直率，竟然到了這個地步！」

這就是鄧芝厲害的地方。當然，如果首要的敵人滅亡，兩國終有一戰，這是誰都明白的道理，但誰也不會在對方君王面前說破，然而，鄧芝直接說了出來，正因為他不欺騙、不敷衍，讓孫權更加信任他、看重他。

權與亮書曰：「丁厷掞張，陰化不盡；和合二國，唯有鄧芝。」

——《三國志．鄧芝傳》

孫權寫了封信給諸葛亮，說道：「說起使者，丁厷的言詞過於浮誇，陰化則是言不盡意；能夠使二國長久和睦往來的，只有鄧芝了。」

東吳和蜀漢長年打交道，孫權對於蜀漢臣子都很熟悉，由他說出這句話，相當具有說服力。

論嘴上功夫，丁厷言詞浮華讓人驚豔，或許勝過了鄧芝，但這個故事再次說明，口才並不是最重要的能力，畢竟一國之君和他身邊的謀臣都不是笨蛋，單純想要用言語壓過對方、騙過對方，那是不可能的。

鄧芝的外交講座告訴我們，不誇大其詞、不迎合奉承，直接將情勢明白地說出來，這才是談判的正道。

在現代來說，談生意、談合作、經營一段關係，或許也是如此——誠意，其實就是最好的交際手段。

說書人後記

蜀漢與東吳常常打交道，兩邊往來久了，發生了一個有趣的現象，孫權跟蜀漢的使者竟然建立起了深厚的感情。

在鄧芝之後，蜀漢外交使者的棒子交給了宗預，宗預也相當受孫權賞識和信賴，他們之間的關係好到了什麼地步呢？這裡有一則「涕泣而別」的小故事。

那時宗預和孫權都上了年紀，當外交行程結束，宗預即將回國的時候，孫權心情激動，忍不住上前抓住宗預的手，流著眼淚說道：「你每次來到這裡，總是為締結兩國的友好關係出力，但如今你年事已高，我也已經衰老了，恐怕我們下次不能再相見了！」

說書人認為，孫權晚年做了許多糊塗的錯事，他雖然有可惡的地方，但也有可愛的地方。

一國之主，竟拉著別人家臣子的手哭泣，這畫面有些不可思議；不過，孫權經歷了太多離別，無論是當年的叔叔伯伯，或是對他忠心耿耿的臣屬，許多都已不在人世了，他和蜀漢的來使，長年下來自然也建立起一份特殊的情誼，孫權拉住宗預的手，倒不像演戲，確實是真情流露。

這樣的畫面，現代也常看到，許多厲害的業務，到處穿梭往來，卻不會記錯任何客戶，大老闆看到他們也是有說有笑，好像比自家的員工還要親近。

以前我以為業務的致勝心法就是舌燦蓮花、說話動聽，但後來當我自己辦信用卡時、選擇保險時，遇到越是會說話的老油條，我心裡越是提防，比起言語技巧，我們更在意的是，對方有沒有騙我？他是不是真心替我分析呢？無論古今哪個環境，這點都是不變的。

「說話表達」並不是業務才需要的能力，在任何職場上，學會真誠的表達意見，都是一門學問。

再說一個我自己的例子，我過去在升學補習班擔任導師，在所有工作項目中，我最討厭的一項就是「推課程」，主管當然希望我們說服家長替孩子報名全部的科目，但我忍不住會想，他們真的需要上這麼多課嗎？

有一次，遇到家長幫孩子加報全科班，但我看這學生連原本的科目都快跟不上了，我悄悄把家長拉到旁邊，輕聲說，這個課程的國文跟英文比較難，建議先不要報名，如果怕孩子這兩科落後，我自己課後花時間幫他輔導就好了。

當時我只想著，這話被主管聽到就糟了，然而，那確實是我真心替他們考量才說出的話；乍看之下，我好像「損失」了兩個科目的業績，結果後來這位家長到處向別人推薦我這個導師，因此收到了許多新生，這是我始料未及的了。

果然，虛情換來的常常只是假意，真心換來的才是真心。別忘了鄧芝跟宗預的外交守則，他們的言語從來不誇大、不閃爍其詞，坦誠將當前的狀況說給對方聽，這樣才能贏得別人的信任與尊重。

第二章

讀三國，看清失敗與成功

十一 一手好牌，怎麼會玩到輸掉？

——袁紹創業最大的啟示。

老闆的苦衷，心事誰人知。

三國中，袁紹和袁術都是擁有大筆資產卻創業失敗的代表，但說書人必須補充說明一下，將兩人的名字擺在一起，其實是有點委屈袁紹了。

袁紹原本稱霸河北，但在官渡之戰敗給了曹操，退出歷史舞台；往後只要提到袁紹的名字，幾乎都是說他識見不明、用人糊塗，這倒罷了，更甚者說袁紹一無是處，只能當個鼻子尖尖、鬍子翹翹的小丑。

難道袁紹毫無任何優點嗎？其實，袁大老闆也曾經帥過。

袁紹一生中，有兩個值得一提的經典時刻：一次是槓上董卓，另一次則是與公孫瓚交戰。

話說董卓入主洛陽時，手握重兵，又唆使呂布殺害執金吾丁原（執金吾是保衛京城的武官），呂布見利忘義、殺害上司丁原，於是京都的兵權全都落入了董卓手中。

董卓眼光不凡，他得到呂布相助，接下來將目光轉向兩個年輕的將領，曹操與袁紹。當時曹操在朝廷中根本不算是重要角色，董卓表曹操為驍騎校尉，想拉攏曹操，但曹操並沒有屈服於強權，他隱姓埋名、逃離洛陽，舉義兵對抗董卓。

得不到曹操，沒有關係，董卓又將魔爪伸向袁紹，汝南袁氏四世三公，袁紹的叔父袁隗當時為太傅，如果能得到袁家支持，那絕對是最強大的力量。

董卓對袁紹說：「如今皇帝無德，不如另立陳留王為帝，你覺得如何？」

董卓想廢少帝劉辯、立陳留王劉協為帝，自然是出於私心，袁紹不置可否，回道：

「這是大事，我回去和太傅商量看看。」

董卓以為袁紹有所猶豫，又補了一句：「劉氏後代已經沒有留下來的價值了。」袁紹說道：「皇帝雖然年幼，卻沒有做錯什麼事，董公你想要廢帝立庶，恐怕大家都不會聽從的。」

卓謂紹曰：「豎子！天下事豈不決我？我今為之，誰敢不從？爾謂董卓刀為不利乎！」

——《三國志．袁紹傳》引注《獻帝春秋》

「笨蛋！天下事還不是都在我的掌控之中！我說要廢誰，誰敢不聽從？你想試試我董卓的刀利不利嗎？」董卓怒道。

「天下英雄，難道只有你董公嗎？」袁紹面不改色，橫刀作揖離去。

以上情節有些浮誇，董卓有心想找袁紹共謀大事，怎麼會開口罵他「豎子」？而袁紹霸氣回嗆，難道董卓還容得下他嗎？

不過，就算這個故事經過加油添醋，有一件事倒是真的，在大家都不敢違抗董卓的時候（另一個敢直言反對的人是盧植，差點死於董卓手中），袁紹確實勇敢站了出來，後來他在渤海起兵，成為討伐董卓聯軍的盟主，光是這股不怕危難的創業精神，我想就應該給予袁紹基本的尊重。

袁紹生涯的另一個高峰，在於界橋之戰。

當時袁紹為冀州牧，公孫瓚擊破青州黃巾後，軍隊越來越壯大，冀州許多官吏一看苗頭不對，紛紛開門響應公孫瓚，於是袁紹進軍界橋，兩軍在界橋南方展開會戰。

袁紹身為總大將，並沒有躲在後面指手劃腳，他親上戰場，卻一度被敵軍包圍，身陷險境。

眼看敵軍箭如雨下，情況危急，田豐急忙拉住袁紹，叫袁紹到土牆中避難，袁紹將頭盔往地上一摔，怒道：「大丈夫可以戰死沙場，怎麼能躲在土牆之中偷生！」

這個怒摔頭盔的鏡頭，可以名列袁紹生涯的十大好球之一。後來在北方的爭霸戰中，袁紹軍也擊破了公孫瓚軍，成為最強大的勢力。

當然，說到戰略兵法、規劃未來的目光，袁紹都算不上一流角色，當他遇上真正的強者曹操，那就完全被比了下去，不過曹操畢竟是三國的第一大魔王，敗給曹操並沒有那麼丟臉。

袁紹作為一個創業的老闆，確實有不少問題，但他身上還是有值得大家學習的地方；我認為，以下兩點，是袁紹給所有創業人的啟示。

不守舊，懂變通

袁紹家族是有名的士族門閥，在當時屬於高階層的上流社會，不過袁紹少年時頗有豪俠之氣，也結交了許多江湖人士，袁紹的叔父袁隗曾經勸戒他，但袁紹仍然不為所動。

後來，董卓入京，這件事帶來巨大的影響，在此之前，能夠主導朝政的總是外戚、宦官、或士家大族，但董卓無黨無派、沒有背景，憑著不講道理的武力主宰了京城，這時候，新的一條路出現了，叫作「軍閥」。

袁紹是從門閥轉型當軍閥的第一人，其後各地軍閥割據，連劉姓宗室劉焉、劉表同樣也是占地為王，看到袁紹如此威風，結果大家都想創業當老闆了。

這裡倒不是要吹說袁紹目光多遠大、多有商業頭腦，平心而論，袁紹可說是造成天下大亂的元凶之一，當初就是他與大將軍何進決定召董卓入京，才釀成大禍；何進想除掉宦官，獨攬大權，但太后反對，袁紹鼓吹何進早點下手，自己又不敢擔這個責任，於是他們找來董卓，一來有個強大的軍隊當靠山，比較安心，二來人多好辦事，如果出事就大家共同承擔。

結果，他們完全錯估了董卓的實力與野心。

袁紹出了個愚蠢的主意，不過值得稱許的是，他懂得改變，眼看董卓勢力已成，與其死抓著士族過去榮耀的招牌，袁紹決定運用他的背景和影響力，轉型當軍閥，這件事說來簡單，但創業絕對伴隨著風險，袁紹也可以帶著錢財逃難當個普通的富二代，可是他仍走上了這條不歸路。

袁紹起兵後，董卓大怒，將袁隗處死，袁家所有在京城的親人都被誅殺，袁紹本來就頗有人望，經此一事，士人百姓更是同情袁紹的處境，願意為他效力討伐董卓；袁紹又憑著自己的力量破公孫瓚、滅黑山賊，於是成為河北的霸主。

若說袁紹因家世背景得到不少好處，這點沒有錯，但他大半的基業還是靠自己打下來的；反觀袁術自命為袁家正統，在根基未定時就做起皇帝夢，即使袁術是袁家的嫡子，不過人們大多支持袁紹，畢竟一個認不清事實、一個能夠因應時勢做出改變，高下立判。

不怕冒險，不怕受傷

當老闆的人，除了需要觀察時局、懂得變通，更重要的，大概就是擁有一個堅強的心臟。

袁紹在反抗董卓時、或是怒摔頭盔時，其實都有賠上性命的可能。在此之前，袁紹與何進找來董卓，根本原因就在於他們內心膽怯，想下手卻又不敢放手去幹，然而，袁紹也從中得到教訓，往後他不再有所顧忌，既然要興兵創業，就只能咬著牙拚下去。

界橋之戰，袁紹親自出擊，最終取得勝利；官渡之戰，曹操自己率精銳奇襲烏巢，逆轉戰局。如果老闆自己不努力打拚，又怎麼可能會成功呢？

不怕困難，不怕受傷，這裡指的不只是身體上的外傷，還有看不見的傷。從以前到現在，袁紹被人罵過、笑過，各種中傷從來沒有少過，倒不如這麼說，這正是當老闆的必要條件，如果你在意每一句批評、想要滿足所有人的期待，那你肯定什麼事情都不用幹了。

當公孫瓚和袁紹開戰時，公孫瓚陣營編列了袁紹的十大罪狀，包括招來董卓、逃離洛陽，起兵害得袁家門戶慘死等等，甚至說袁紹的母親只是個婢女，袁紹竟然還敢打著袁氏的招牌出來，實在是玷汙王爵、損辱袁宗……這根本就是人身攻擊啊！

不過，袁紹沒有多說什麼，他用實力讓公孫瓚閉上嘴巴。

遺憾的是，袁紹的榮光也就到此為止了。官渡大戰中，袁紹輸給了曹操，兵敗之後不久病逝，袁紹的兒子也守不住江山，袁氏企業就此消滅。

曹操與袁紹兩軍交戰前，袁紹明明有許多優勢，至於為什麼會失敗，可以列出一百個原因，也可以簡化成兩點來說。簡言之，袁紹有兩個致命的短處，導致了他的敗亡，這也是許多老闆的共同毛病。

自視甚高

早在最初袁紹「能折節下士」，便是如此。他放下架子與各個階層的人結交，但心中未必真正尊重別人，也未必重視部屬的意見，像荀彧、郭嘉這樣一流的人才都在袁紹帳下待過，卻選擇出走，投向曹操懷抱，替曹操出謀劃策；再說曹操，袁紹和曹操是少年時代的朋友，後來曹操迎漢獻帝，升為大將軍，袁紹簡直氣炸了，身為名門之後，他怎麼能接受那個出身宦官之家的曹操爬到他頭上呢？

袁紹跟曹操交戰幾次失利後，他仍沒有認清事實，仍覺得自己不會輸給曹操，把所有籌碼都推上桌，終至一敗塗地。

不聽勸言

袁紹據有河北，除了有身世背景的加分、還有一大票部眾與人民的支持，但老闆創業有成，往往會覺得這一切都是因為自己英明神武，既然我做的決定都是對的，你們乖乖聽我的就好了。

袁紹控制北方之後，他讓大兒子袁譚當青州刺史、二兒子袁熙當幽州刺史，謀臣沮授勸說道，這麼做必然會招來禍亂，袁紹不聽，又用外甥高幹擔任并州刺史，更糟糕的是，袁紹一直無法決定繼承人，事實上，就算袁紹過世，他在河北經營已久，兵力與資源仍未必輸給曹操，如果袁氏企業好好傳給下一代，或許還有機會振作。

然而，袁紹生前偏愛小兒子袁尚，而長子袁譚也有一票擁護者，袁紹死後兄弟仍然不和，一個大公司內部充滿了矛盾與鬥爭，外面又有強敵，怎麼可能長久呢？

說書人後記

袁紹身邊雖有優秀的謀主，如田豐、沮授，但袁紹聽不進去他們的意見，在官渡之戰連續選錯了每個分歧劇情的選項，明明有九成以上的勝率，他卻總是能做出最糟糕的決定，走進了隱藏結局。

袁紹最後因為「火燒烏巢」而遭到大敗，這段故事，我們下一章再談。說起來，這只是壓垮駱駝的最後一根稻草罷了，當袁紹的心態產生變化，忘了他之前成功的關鍵，不聽勸告、堅持自己的意見，失敗也是必然的命運。

袁紹老闆的血淚教訓，雖然時空不同，仍值得現代的老闆深思。

如果袁紹能夠回到過去，面對從前那個充滿壯志和理想、閃耀著光芒的自己，或許，他會輕輕對那個年輕人這麼說。

在你有所成就的時刻，別忘了感謝身邊的夥伴，這不是你一個人的成功，而是大家共同努力的成果。

在你面臨失敗的時候，別怪別人、別衝動行事，先冷靜下來檢討自己吧。

十二 面臨成敗的緊要關頭，如何克服心魔？

——兩場大戰，看出曹操成為王者的關鍵。

讀歷史，如果只看古代君王成功創業的過程，當然是精彩又激勵人心；但我認為，如果要認識一位王者真正的本事，就要看他生涯最慘痛的失敗，學習那種面對失敗的態度與決策模式，才是更可貴的。

曹操生涯中，最大的一場勝仗，就是擊敗袁紹的官渡之戰，這是曹操成為北方霸主的關鍵戰役；而曹操最慘痛的敗戰，則是赤壁之戰，他向南進攻卻失利，赤壁一把火，粉碎了曹操統一天下的夢想。

這兩場戰爭，非常適合現代人作為借鏡，當然，並不是要學習他們的戰術，而是看他們面臨困境和壓力之下，所做出的決策。

當曹操跟袁紹決戰時，袁紹兵力是曹操的好幾倍，兩軍相持，曹操在長期抗戰中完全討不到便宜，眼看日子一天天過去，軍糧即將耗盡，曹操便有了退兵的念頭。

不，應該說，曹操幾乎已經決定要退兵了，而坐鎮後方的荀彧，寫了一封信勉勵曹操，當年楚漢相爭，劉邦和項羽誰也不肯後退，因為他們知道，只要後退一步就輸了，而且輸的不只是一時，將會輸掉整個江山。

曹操點點頭，咬著牙，繼續苦撐下去，但糧草就要吃完了，怎麼辦呢？

說也真巧，就在這個時候，袁紹陣營的許攸前來投降。

許攸和曹操以前便相識，兩人是老朋友，許攸智謀過人，但袁紹卻不怎麼喜歡他，許攸的家人當時有不法情事，袁紹逮捕了他的妻兒，許攸一怒之下背叛袁紹、投奔曹操。

這是袁老闆的失策，就算許攸家人犯法、就算你不喜歡許攸，但兩軍正在交戰啊！你就不能等打完仗再把他們抓起來嗎？

像這樣的關鍵人物在陣前倒戈，對戰局影響太大了，曹操聽到許攸前來，連鞋襪都來不及穿，赤腳出來，鼓掌大笑相迎。

曹操和許攸坐定，許攸開口第一句話就問到了重點。

「袁氏軍容盛大，你想要如何取勝呢？軍糧還夠用嗎？」

「還可以撐一年。」曹操回道。

「少來了，說實話吧。」

「其實只能再撐半年。」曹操勉強一笑。

「你不想贏了嗎？別再騙我了！」

「我只是開開玩笑啦，不瞞你說，只能再支持一個月，這下該如何是好？」

於是，許攸洩露內部情報，他說袁紹派淳于瓊護送糧草至烏巢，戒備不嚴，這正是攻擊的好時機。

這到底是天上掉下來的機會，還是惡魔的陷阱？眾將士都懷疑許攸，假如他是袁紹派來騙人的間諜，那就糟糕了。只有賈詡和荀攸勸說曹操把握機會出擊，說到這裡，各位觀眾不妨想一想，如果你是曹操，你會做出什麼樣的決定？

請不要回答說，當然要採納賈詡跟荀攸的意見，因為這兩個人在電玩遊戲中智力超高，聽他們的準沒錯。

如果我們當作自己不知道歷史的結果，在這邊應該依當時條件，列出選擇退兵以及選擇進攻的原因。

選擇退兵的理由很簡單，糧草不夠了，只要奇襲無效，必定以大敗收場，最慘的結果甚至是賠上性命，撤退至少能夠保有日後再戰的機會。

選擇奇襲，因為這是目前唯一的突破口，假如這次退兵，曹操與袁紹的軍力差距將會越來越大，以後想贏更是困難，如果要打袁紹，不該將希望放在渺茫的未來，要打就是要現在打。

這下好了，兩邊看起來都有道理，怎麼辦？

其實，這就是人生啊！我們在求學、求職各個階段，遇過不只一次需要做重大決定的時刻，這當然沒有明確的標準答案，只有一件事是確定的——你的選擇，決定了你成為什麼樣的人。

曹操在關鍵時刻選擇出擊，這就是為什麼他可以成為「曹操」。因為這是曹操一生中，最有機會打敗袁紹的時刻，雖然失敗得付出嚴重的代價，他仍決定拚一把。

下一個問題，這次奇襲烏巢，領軍的將帥事關重大，這個人選將決定整場大戰的結果，曹操應該派誰出戰才好呢？

曹操並沒有將命運寄託在別人身上，他親自出征。

曹操率領精銳五千兵馬，連夜行軍，天明時到達烏巢。大眾對這場戰事的印象就是「火燒烏巢」，以為放一把火就贏了，其實過程並沒有這麼順利，面對曹操的出擊，淳于瓊堅守營寨，另一邊袁紹得到消息，分兵救援，曹操一面攻打淳于瓊、背面還有敵方援軍的威脅，情勢相當不利。

左右或言「賊騎稍近，請分兵拒之」。公怒曰：「賊在背後，乃白！」

——《三國志・武帝紀》

曹操下令猛攻，左右將士看到後方敵軍逼近，請曹操分兵抵禦，曹操怒道：「不分兵，繼續向前進攻！等敵人到了我背後再報告！」

曹操這話看似莫名其妙，但如果這次突襲失敗，整場戰役都將宣告結束，當然沒有衝出去又縮回來的道理，將士們見曹操拚上性命，人人奮勇死戰，敵軍潰敗，主將淳于瓊也被斬首。

前面說過了曹操做出這個決定有多困難，此處再次印證，這並不是逞一時之快、或是失去理智的賭博，當曹操選擇出擊時，目標就是用最快的速度打下烏巢，所以根本不必考慮分不分兵，正因為曹操知道自己在做什麼，才能冷靜做出判斷。

曹操無視後方的援兵，全力攻下烏巢，這是正確的抉擇，袁紹的軍糧輜重遭到燒殺劫掠，士氣大受影響，隨後到來的援軍同樣被曹操擊破，戰局徹底逆轉。

奇怪了？話說袁紹的大軍呢？曹操用兵再厲害，畢竟只有五千人，袁紹大軍怎麼會打不贏？

原來袁紹並沒有調派大部隊救援，當時張郃建議袁紹說，應該全力支援烏巢，但袁紹沒有聽從，他只派輕騎救烏巢，命張郃帶領重兵反攻曹操主營，若能打下曹操的大本營，這些損失都不算什麼了。

袁紹這個反攻大營的想法，看似妙計，卻正好暴露了他在官渡之戰最大的弱點——袁紹從來沒想過，他可能會輸。

曹操正好相反，他先前曾經敗給董卓軍、敗給呂布軍，曹操能夠正視失敗，他是一個在敗戰中越挫越勇的強者，每次作戰，他都設想過最壞的可能性。

只有真正認識失敗的人，才能抓住成功。

袁紹始終沒有把曹操放在眼裡，由於輕敵的關係，兩軍才剛交戰，袁紹就吞下敗戰，失去了大將顏良和文醜，但直到戰事的尾聲，袁紹還是不相信自己會輸給曹操，他將所有籌碼推下去，反攻曹操大營，想再賭最後一把。

結果，曹洪和荀攸死守大營，張郃攻不下來，既擔心回去之後遭到怪罪，又怨袁紹不肯聽從自己的建議，於是率領大軍投降（後來張郃在曹操手下獲得重用，成為曹魏倚重的名將）。

袁紹陣營失去了張郃和張郃率領的兵馬，曹軍向北追擊，袁紹軍隊潰敗、亂成一團，袁紹帶著殘兵敗走，大受打擊，兩年後離開人世。

官渡之戰，決定了曹操北方霸主的地位。不過，我們都知道，曹操的野心不只如此，所以才有下一場經典戰役，赤壁之戰。

曹操大軍南下，與周瑜在赤壁相遇，兩軍初次交戰，北方人不熟習水戰，而且水土不服，許多士卒生病，讓曹軍的戰力打了折扣，曹軍先敗一回。

曹操雖敗不亂，他做好長期交戰的準備，拉長戰線，戰船在長江北岸一字擺開，與南岸的東吳水軍對峙；這時候，曹操仍有兵力上的絕對優勢，勝敗之數，還在未定之天。

偏偏這麼巧，就在這個時候，又有人跑來投降了。

東吳的老將黃蓋，寫信說他願帶著戰船來投曹操，這跟上一次許攸來降好像啊！又是做選擇的時候了，該不該相信黃蓋呢？

曹操選擇相信他。

咦？曹操不是生性多疑嗎？其實，在歷史中，曹操總能敞開心胸接受降將，許多人才都到了曹操手下始得重用，這是曹操創業重要的關鍵，而且這時候的曹操志得意滿，他平常用兵有度，但這次確實因為驕傲而輕敵了。

黃蓋並不是許攸，他帶來的不是禮物，而是改變歷史的一把火。

黃蓋的舟船靠近，曹操軍隊將士們都出來觀望，正準備慶祝，下一秒卻看到一艘艘來船變成了火船，乘著風勢衝撞上來，東南風正盛，火勢一發不可收拾，曹操的船隊燒成一片，不只如此，大火還延燒到岸邊營寨，整個曹營都陷入火海之中。

這個時刻，曹操做出了一個了不起的決斷。

他燒掉剩餘的船隻，避免成為吳軍的戰利品，留下曹仁鎮守荊州南部，阻擋東吳的攻勢，自己率軍北還。

「燒船退兵」這步棋，可以說是優秀的一手。其實曹操手中還有戰船跟兵馬，而且數量未必輸給吳軍，曹操仍可以集結軍隊，再跟周瑜打一場。

曹操並不是怕死的人，他之前自己帶隊奇襲烏巢，這次他卻早早撤退，我反而認為這點更讓人佩服。曹操當然知道，這一退，歷史將會寫下新頁，後人會反覆訴說這場大戰、還會傳頌年輕的周瑜如何擊敗他，那統一天下的野望，可能再也難以實現，這些事曹操都知道，但他還是退了。

我認為，如果要認識一位王者真正的本事，就要看他生涯最慘痛的失敗，學習那種面對失敗的態度與決策模式，才是更可貴的。

還記得上一次，袁紹是怎麼選擇的嗎？他認為自己不該輸給曹操，將最後的資本賭了上去，結果輸掉一切；曹操親眼看著那一幕，而這次在赤壁，他知道傷害已經造成，所以他想辦法讓損傷降到最低，這才是提得起、放得下的王者。

有趣的是，曹操打輸赤壁之戰後，曾寫過一封信給孫權。

赤壁之役，值有疾病，孤燒船自退，橫使周瑜虛獲此名。

——《三國志．周瑜傳》引注《江表傳》

曹操對孫權說，赤壁那一戰，當時我們北方士兵都生了病，所以我才決定燒船撤退，讓周瑜白白賺到了名聲啊。

這當然是藉口，但我們可以看到，曹操這個「理由伯」還真是挺可愛的，他對外寫了這樣一封信，對內則對部屬說「孤不羞走」，再三強調，這並不是難堪的失敗，他不覺得可恥，撤退其實是需要勇氣的。

孟德好了啦！我懂，真的懂，我這不就是在替你說話了嗎？

說書人後記

說完了故事，說書人有點擔心，這一回會不會造成讀者誤解。

曹操是三國中最強大的君王，在已知結果的情況下，回頭說他有多麼英明神武，這樣根本沒有意義，不過，這並不是我想做的事情。

曹操在官渡之戰和赤壁之戰，兩度面臨重大選擇，第一次他選擇出擊，第二次他選擇撤退，我不敢說這是絕對正確的決定，但我認為，這是一位王者所能做出的最佳決策。

還是那句老話，你的選擇，決定了你成為什麼樣的人。

官渡之戰，大部分的人，都會選擇安全的選項，也就是「退兵」。當時如果撤退了，往後大概只能當個普通的軍閥吧。這個決定並沒有什麼不對，或許還可以投靠其他大軍閥，過著平凡順遂的後半輩子。

有人可能會想，曹操掌握了皇帝，「挾天子以令諸侯」，怎麼會是普通的軍閥，打不贏袁紹有差嗎？當然有差，挾天子沒有想像中那麼容易，沒有力量根本「挾不住」，先前李傕跟郭汜也曾經掌控小皇帝，但人們會記得這兩個人嗎？

如果沒有抓住機會擊敗袁紹，曹操這個名字，也只會變成另一個歷史中的小角色（在官渡之戰前，曹操曾經失去根據地、糧食耗盡，他差點想要向袁紹低頭，以後做袁紹的小弟，但曹操終究沒有選擇這條屈辱的路）。

面對每一個選擇，與其去想「我應該怎麼做才是對的」，不如讓思維轉變為「我想成為什麼樣的人」，無論大事或小事，都可以這樣檢視。

如果你想成為一個健康的人，你就會選擇少吃炸雞排、少喝含糖飲料；如果你想成為孩子眼中的好爸爸、好媽媽，那你肯定明白，除了給零用錢，你應該選擇付出更多時間陪孩子聊天，才能讓他感受到愛與關懷。

我想起自己的經驗，當我寫文章開始擁有讀者後，我發現說故事是可以做出貢獻的，可以讓人感動。甚至讓世界變得有一點點不一樣。

我確信自己想要當個說故事的人，這個目標並不容易，需要大量的閱讀與寫作，為了將全部心力放在創作上，我辭掉了工作，儘管親友覺得這樣太過冒險，但我知道，**這就是我想走的路，這就是我的關鍵時刻，就像曹操一樣，不看後面的追兵，選擇全力向前進攻。**

在曹操的兩道選擇題中，看似做出不同的選擇，但他的中心思想是相同的，他想要成為最強的王者，所以在官渡之戰，他必須擊敗袁紹；至於赤壁之戰，曹操承認失敗，退回北方，國力並沒有受到嚴重損傷，雖然天下三分，曹操仍是最具有威勢的一方。

當你已經做出成績，有時該停下腳步思考，懂得退後，也是一種強悍。看完曹操的故事，再看看下一回的孫策，兩者正好是明顯的對比。

十三　為什麼總是離成功只差一點？

——孫策又帥又強，怎麼看都是人生勝利組，卻沒能成為真正的勝利者。

如果你玩過股票，一定聽過「停損點」這個詞，當虧損到達一個指標時，就不能再盲目期待股票起死回生，反過來說，在股票節節上漲、一帆風順的時候，別忘了注意潛在的風險。

三國江東有兩大明星，孫策和周瑜。

《三國志》說孫策「美姿顏，好笑語」，又說周瑜「長壯有姿貌」，現今電玩或戲劇多半將周瑜塑造成花美男的形象，但若要認真考究，或許孫策才是真正的美男子，周瑜比較像是高大粗獷的型男。

孫策和周瑜少年時相識，兩人情同兄弟，他們後來待在袁術麾下，但前面的章節說過了，袁術並不是一位能夠用人的老闆。

孫策這年十九歲，帶領孫堅舊部，逐漸嶄露頭角，袁術彷彿看到了當年孫堅的影子，一方面暗自警惕，一方面又忍不住讚嘆道：「如果擁有像孫策這樣的兒子，死也可以瞑目了！」

袁術雖然知道孫策的能耐，但他不敢給孫策更高的封賞，害怕這頭猛虎會難以控制，這讓孫策漸漸認清事實，他必須另外尋求發展。

亂世之中，有的是機會。

揚州刺史劉繇與袁術為敵，孫策提議道，他可以會同舅舅吳景、堂兄孫賁，為袁術除去劉繇跟長江一帶的敵對勢力。袁術同意了。

袁術認為自己歷時多年都無法平定列強，孫策又怎麼可能辦得到，於是資助金錢與少許兵馬，靜觀其變。然而，孫策以此數百人與父親部將為基礎，後來聚眾至六千人，渡江轉戰，戰無不勝，勢如破竹，沒有人敢與之交鋒。

最驚人的是，孫策戰劉繇、破笮融、攻王朗，連戰皆捷，得到吳郡、會稽、丹陽三郡之地，這個時候，他竟然才二十一歲！

而在孫策二十五歲那年，他又攻破宿敵黃祖，坐擁江東六郡，正式成為一方之霸。

劉備三十二歲時入主徐州，四十七歲那年還在當陽拋家棄子逃命，同年打贏赤壁之戰，才打下根基；而曹操四十歲時才站穩兗州，四十五歲時揮軍官渡，七年後才平定北方。

在我的想像中，年輕氣盛的孫策大概會忍不住嗆聲說：你們兩個阿伯在忙什麼？打仗很難嗎？

如果世界上有天才，孫策肯定就是百年難得一見的天才，這種征戰本事，恐怕連曹操都自嘆不如。

當然，在東漢混亂的政局中，各州各郡情況皆不相同，江南的地方勢力並沒有那麼強，立足中原比平定江東困難多了，但無論如何，孫策確實是以不可思議的速度席捲長江，他究竟是怎麼辦到的？

孫策平定吳郡、會稽，雖然連戰皆捷，但孫家不是當地大族，其實在入主江東的過程並非一帆風順。

百姓聞孫郎至，皆失魂魄；長吏委城郭，竄伏山草。及至，軍士奉令，不敢虜略，雞犬菜茹，一無所犯，民乃大悅，競以牛酒詣軍。

——《三國志．孫策傳》引注《江表傳》

這段文字是什麼意思？該不會說孫策「帥名遠播」，百姓聽聞大明星孫郎來了，都被他迷得失魂落魄，這未免帥得太沒有天理了吧？

實際上，這裡說「皆失魂魄」應該以驚懼的意思解釋。孫策的軍隊所向無敵，敵軍望風而逃，人們只聞其名，原本感到害怕，但孫策大軍到來之後，對於百姓秋毫無犯，所以大家才放寬了心擁護孫策。

世上沒有萬全之計，史書說孫策曾經「屠東冶」，或許他還是在不得已時下了重手，這個「屠」字可輕可重，或解釋為攻克，或解釋為屠殺，但若說孫策所到之處多有殺戮，那麼當地人們又怎麼會歡迎他呢？

我的結論是，孫策的方針很簡單、很暴力，殺當地豪強，收大眾民心。

> 孫策平定吳、會，誅其英豪，憲素有高名，策深忌之。
>
> ——《三國志．孫韶傳》引注《會稽典錄》

孫策身為外來政權，對於在地士族與英傑採取高壓手段，也造成士人出走，其中，誅殺吳郡太守許貢更是種下了禍根（孫策後來就是死於許貢底下的刺客之手，這件事在第一章郭嘉的故事說過了）。

這個策略雖然未臻周全，但鏟除強敵，善待百姓，收買人心，確實是孫策得以迅速稱霸江東的關鍵。

自十六歲起，直到二十六歲，孫策用兵幾乎所向無敵，簡直是鬼神一般的存在；然而，孫策「輕而無備」，最後死在刺客手中。

關於孫策之死，此處不再多說。這一回，我們來討論另一個問題，孫策的目標，到底在哪裡？

這倒不是說，孫策是個毫無目標的莽夫，其實從他更年輕的時候，就可以略窺一二。

策曰：「策雖暗稚，竊有微志，欲從袁揚州求先君餘兵，就舅氏於丹楊，收合流散，東據吳會，報讎雪恥，為朝廷外藩。君以為何如？」

——《三國志．孫策傳》引注《吳歷》

孫策十七歲時，在江都拜訪名士張紘，他對這位德高望重的長輩說道：「現今時局混亂，群雄並起，各懷私心，沒有人能夠匡正天下。父親曾與袁術一同討伐董卓，後來在戰場上喪命，我若得以說服袁術，帶領父親舊部，並與舅舅吳景一同起事，東據吳郡、會稽，既能替父親報仇，又能成為朝廷有力的外藩，您以為如何？」

想當年，我們十七歲時連以後想讀什麼科系都不清楚，孫策已經描繪出屬於他的未來，光是看他上門求教於張紘這番話，便能夠看出這個學生絕非尋常之輩。

但張紘當時並沒有認真回應孫策，先前大將軍何進、太尉朱儁、司空荀爽都曾辟張紘為官，但他一概推辭，並無出仕之心。

孫策見張紘推託敷衍，紅著眼睛說道：「老師！您的名聲與識見之高，遠近知名，請您直言告訴我！我想做一番大事業，需要仰賴您的力量啊！」

涕泣橫流，顏色不變。紘見策忠壯內發，辭令慷慨，感其志言。

——《三國志．孫策傳》引注《吳歷》

孫策滿臉眼淚，但神情堅定，張紘被他的心意感動，毅然回答道：「昔日周朝衰敗，齊桓公、晉文公順應而興；現在你繼承父親之武勇，收兵吳郡、會稽，再謀荊州或揚州，那麼絕對不只是一個朝廷外藩而已，更能夠以此立業，屆時我將與我的好友一同南渡投效於你！」

孫策大受感動，他拜謝張紘，並將母親與幼弟託付給張老師，背著鐵劍走出茅廬，先投袁術，揮軍長江，一路練功升級，後來張紘果然依約來投，這段君臣之義實在感人，也讓我們再次看見孫策的魅力，無論是肝膽相照的周瑜、太史慈，或原本堅持不當官的張昭、張紘，老少通吃，這些人皆受到孫策的感召，甘願一生為東吳效命。

所以，話又說回來，孫策有勇有謀，那他失敗的原因是什麼呢？

我提出「孫策的目標」這一點，並不是說孫策毫無目標，基本上，孫策就是照著他十七歲那年「江都對」的規劃，一直在向前進。

是的，他一直在前進，但忘了停下來。

如果你玩過股票，一定聽過「停損點」這個詞，當虧損到達一個指標時，就不能再盲目期待股票起死回生，必須果斷賣出；反過來說，還有另一個「停利點」的概念，當你持有的股票節節上漲、一帆風順時，別忘了注意潛在的風險。

可惜的是，在孫策心中，就是少了這樣的概念。

說書人後記

孫策遇害早逝，事後分析，主要有兩大原因，第一點是他自恃武勇而缺少防備，第二，則是對江東列強採取武力鎮壓的手段，孫策滅掉這麼多豪傑，他們底下自然會有人想報仇，導致了悲劇。

那麼，假如我們是孫策身邊的謀士，或者說我們自己就是孫策本人，不妨想想，應該怎麼做才好？

孫策是遇害而死，最容易想到的方法就是給孫策一百個隨身護衛，寸步不離保護他，但這只是「治標不治本」，以孫策這樣積極的戰略觀，平常又疏於防備，他還是可能在其他時候陷入危機，如果要勸孫策改變，人的個性也沒有這麼容易說變就變，那該怎麼辦呢？

所以，我才會提出「目標」這個說法。

基本上，孫策的文武資質都是一流的，他少年時就想過了，他加入袁術的軍團後，以父親舊部屬作為基礎，只要逮到機會就能自立，後來袁術稱帝被眾人譴責，孫策立刻與前老闆畫清界線，他自己成為了江東的霸主。

孫策訂立目標、實現目標的過程，堪稱無懈可擊，但如果我是孫策的謀臣，我會在這時問上一句，請將軍想一想，你原本的目標是什麼？現在真的達成了嗎？

孫策是聰明人，相信只要短短幾句話，他就會醒悟過來，現在只是打下了江東，還沒有站穩江東啊！在剛得到根據地的關鍵時期，就在謀劃如何北上打許都，這未免太心急了！

我前面說到，曹操跟劉備這兩位阿伯，經歷許多時間才經營出成果，乍看他們創業的速度比不上孫策，其實這才是他們高明的地方，曹操、劉備初期吞過許多敗仗，甚至失去所有根基，所以他們明白，如果內部沒有安頓好，急著對外征戰根本沒有意義。

曹操跟劉備花了好幾年才學會這樣的教訓，如果我們能夠將這件事放在心上，深自警惕，那將受用無窮。

當你距離成功，看似只差一步之遙，更應該小心謹慎，隨時詢問自己，我的理

想在哪裡？我現在有沒有走偏呢？我真的有腳踏實地達成目標嗎？

可惜的是，孫策當年還沒認識這個道理。

孫策以外來政權的姿態，在短短的六年期間，打遍長江無敵手，他的下一步不應該繼續打下去，而是先在江東確實扎根；如果孫策開始「轉型」，好好發展內政和經濟，等資源更加充足時再北上爭天下，這絕對是曹操跟劉備更害怕的對手啊！

十四　忍耐才會出頭天，真的嗎？

——司馬懿表示，忍你個大頭，去做！

假如有人問司馬懿，「你是怎麼用三十年時間設局吞併曹魏」、「成功最大的祕訣是不是忍耐」，我想司馬懿很可能會當場傻眼，然後回答說，你想太多了，成功的關鍵不是空想，而是付出行為去做。

如果用一個字來表現司馬懿的人生哲學，我想許多觀眾都會立刻想到的是「忍」這個字。

不過，我認為司馬懿最厲害的一點，在於「行動力」，司馬懿的謀略能力確實過人，但比起規劃，他實行計畫的手段才是成就大業的關鍵。

先從戰爭上的表現來看司馬懿，這也是一般大眾認識司馬懿的起點，由於司馬懿對抗諸葛亮北伐，總是採取「三不政策」，不出戰、不正面對決、不理會別人叫罵，所以才會有這種「忍耐出頭天」的印象。

然而，司馬懿真正擅長的戰術，應該是「閃電攻擊」，歷史中他多次靠著這種突如其來的攻勢打下勝利。

第一次代表作，在司馬懿四十七歲那年，諸葛亮第一次北伐。

蜀漢初次大舉用兵，並沒有上演諸葛亮對決司馬懿的戲碼，在西邊戰線，曹魏名將張郃擊破馬謖，馬謖失街亭造成北伐失利，但在東邊戰線，其實還有一場比較不為人所知的戰役。

諸葛亮這次北伐，埋下了另一隻軍隊，就是孟達的奇兵。孟達原本是蜀漢將領，投降曹魏後，深得魏文帝曹丕歡心，曹丕死後，孟達在魏國失去了靠山，憂心忡忡，這時候諸葛亮開始與他書信來往，煽動孟達舉兵叛魏。

十二月，新城太守孟達反，詔驃騎將軍司馬宣王討之。二年春正月，宣王攻破新城，斬達，傳其首。

——《三國志・明帝紀》

對於魏國來說，在偏遠邊境的孟達突然造反，這是非常頭痛的事，但司馬懿在十二月得知消息、隔年正月就斬了孟達，僅僅只花一個月便平定叛亂，這件事恐怕只有司馬懿做得到。

司馬懿在這之前聽到風聲，已知孟達有反叛之心，但司馬懿假意信任孟達，他寫了一封信安撫孟達說：「將軍當年棄劉備而去，我們當然知道你忠於大魏，才會對你委以重任，現在愚蠢的蜀人都怨恨你、諸葛亮也想除掉你，以致有謠言說你將叛國，別擔心，我才不會被騙呢！」

孟達原本正在猶豫，不知是否要立刻起兵響應諸葛亮，他看到司馬懿的信，頓時放心，於是他回信給孔明，說道：「情勢對我們非常有利，司馬懿人在宛城，距離洛陽有八百里，距離我一千兩百里，他現在應該還沒有疑心，等他看到我用兵之後再來討伐，發函請示皇帝需要十天，明帝下旨送達需要十天，司馬懿調兵遣將又需要十天時間，到時候我已經整軍完畢、固守上庸，沒什麼好怕的了。」

結果，一週之後，孟達簡直不敢相信他的眼睛——司馬懿親率大軍，兵臨城下，已經打到他眼前了！

上庸城三面阻水，易於防守，孟達在城外築柵欄抗敵，他以為萬無一失，但司馬懿來得太快，守軍根本擋不住司馬懿這波閃電攻勢，魏軍渡水破柵，經過半個月的進攻，孟達外甥鄧賢、將軍李輔開城投降，司馬懿斬孟達，將其首級送回洛陽稟告皇帝。

回頭來看，司馬懿的戰略高明至極，他一面寫信麻痺孟達，讓上庸守軍掉以輕心，一面急速行軍，僅僅費時八天，在尚未請示魏明帝之際便已殺到上庸，讓孟達和蜀漢兵馬措手不及，錯失了兩路軍隊聯手的機會。

這是司馬懿典型的戰略：精湛的演技，迅捷的突襲。

為什麼我說這件事只有司馬懿做得到呢？此戰除了精準的策略，也需要相當的地位與權力，一般來說，你要調派大軍必須經過許多程序，如果司馬懿照規矩上奏表章、等待皇帝批准，那就失去了破敵的最佳時機，正因為魏明帝對司馬懿擁有絕對的信任，才能做到「先斬後奏」，迅速平亂。

司馬懿的下一場代表作，則是遠征遼東。

帝盛兵多張旗幟，出其南，賊盡銳赴之。乃泛舟潛濟以出其北，與賊營相逼。

——《晉書・宣帝紀》

遼東公孫淵作亂，魏明帝再次派出他信賴的司馬懿討賊，這種長途遠征、大軍難免疲憊，於是司馬懿讓軍隊集結於南方，做出有如長期抗戰的布陣；接下來司馬懿率主力軍隊北上，繞過遼兵的營壘，攻擊敵軍後方。

公孫淵原本將精銳駐軍南方和魏軍相持，看到司馬懿向北突襲，如果遼東的襄平老家（今遼寧遼陽）被攻破，那就糟糕了，雖然北方的軍力較弱，但公孫淵還是勉強派兵迎戰，而這個調度正中司馬懿下懷。

司馬懿根本沒有直取遼兵老家的意思，他的目標在於殲滅公孫淵的主力軍隊，但遼兵擔心後方失守、潰不成軍，司馬懿一舉攻破了驍勇善戰的遼東大軍；假如公孫淵從頭到尾都採取死守的策略，魏軍便難以進攻，但司馬懿逼出遼兵，魏軍在有所準備的狀況下，面對慌亂的敵軍，果然大獲全勝。

看看司馬懿在戰場上的謀略，其實完全稱不上「保守」兩字，他總是積極主動的一方，用謀略和突襲來出奇致勝。

司馬懿平定遼東後，收到了皇帝病危的消息，我不確定在這個時候，司馬懿心中是不是有個大膽的想法，這就像是曹魏企業的董事長突然出意外，整個集團中最有能力的人就是司馬懿自己，那麼，他到底該選擇撐起這家公司，還是說乾脆掏空這家企業自己當老闆呢？

我們無從得知，司馬懿心中是否有什麼天人交戰，總之他連夜趕回京城，彷彿察覺到，他的生命即將在這個時間點迎來最大的一個轉折。

魏明帝曹叡臨終前，將年僅八歲的曹芳託付給曹爽和司馬懿，當時司馬懿效忠曹魏已有三十年，軍政實力都是魏國的一流人物，這個決定並不讓人意外，至於日後曹家的天下被司馬家給奪走，這大概就是曹叡始料未及的了。

司馬懿奪權的「高平陵之變」，再次展現他的謀略手段，如前面所言，這又是一次經典的「閃電突擊」。

小皇帝曹芳剛上位時，朝中最有分量的兩位大臣是曹爽和司馬懿，曹爽是擁有曹氏血脈的自家人，司馬懿則是最受倚重的外人，原本兩邊相安無事，後來曹爽想要鏟除司馬懿的勢力、獨攬大權，這才出了問題。

曹爽讓司馬懿「升為太傅」，但這只是個虛位，沒有任何實權，曹爽又多次更改制度，任用自己的兄弟和親信，獨掌政權和兵權，將朝廷搞得烏煙瘴氣。

司馬懿看著曹爽壟斷朝政，索性裝病，不上朝、不理會政事。但曹爽顧忌司馬懿的威望，他派遣自己信任的李勝為荊州刺史，上任前先去向司馬懿辭行，作為測試。

> 河南尹李勝將蒞荊州，來候帝。帝詐疾篤，使兩婢侍，持衣衣落，指口言渴，婢進粥，帝不持杯飲，粥皆流出霑胸。
>
> ——《晉書・宣帝紀》

這一年，司馬懿六十九歲，他一邊招呼李勝，一邊喊渴，旁邊的婢女上前餵粥，司馬懿手不能動，病懨懨地張嘴，這粥只喝了半口，另外半口流了出來，沾溼了衣服。

這段記載非常有趣，可說是一段極其優秀的劇本。

「你、你這一路上去并州，可要多多小心啊……」司馬懿口中含著粥說道。

「我是要回去本州，不是并州。」李勝答道。

「哦、哦！你說你剛去過并州？」司馬懿繼續演下去。

「我說要回我的本州當官，我本籍是荊州。」

「哎呦！我差點連話都聽不清了，原來你是要回家鄉作官，好，很好！」

司馬懿一口含粥、一口胡謅，在荊州、并州傻傻分不清楚的情況下，騙過了李勝；李勝回去跟曹爽說，司馬懿確實病得很嚴重，於是，曹爽就這樣放下對司馬懿的提防之心。

終於，改變歷史的那一天到來。小皇帝曹芳上高平陵拜見魏明帝曹叡之墓，曹爽兄弟陪同，司馬懿早就看準時機，前一刻還是個病人，下一秒立刻跳下床、脫下戲服，他前往稟奏太后，訴說曹爽等人的罪狀，在多位老臣支持之下，發動政變，廢去曹爽兄弟黨羽的一切職務。

原本司馬懿答應不傷害曹爽的性命，曹爽兄弟投降，司馬懿也遵守了幾天的諾言，好生相待。然而，沒過多久，他「發現」了一個大陰謀，先前曹爽任用的宦官，在嚴刑拷打之下，招出曹爽兄弟一夥人密謀造反的「事實」。

當司馬懿要殺曹爽時，自然還是有反對的聲音，原本和司馬懿一起上奏太后的老臣蔣濟，認為不能這樣對待曹家的後人，但司馬懿並沒有理會他，將曹爽兄弟與同黨盡皆誅殺。

司馬懿騙了敵對的李勝、曹爽，也騙了自己的隊友蔣濟。

如果在現代，能夠邀請司馬懿演講，在我的想像中，演講尾聲的提問時間，大概會出現像這樣的問題吧。

成功最大的祕訣就是忍耐對吧？您如何用三十年時間設局吞併曹魏？您怎麼能夠忍耐這麼久？

我想司馬懿很可能會當場傻眼，然後回答說，你想太多了，成功的關鍵不是忍耐、不是空想，而是付出行為去做。

回顧司馬懿征戰的經過，當他對上普通的對手，便用閃電突擊來取勝，遇上諸葛亮這種難對付的敵人，就採取烏龜戰術來防守，其實他只是選擇勝率最高的方法罷了，並不是說只要忍耐就能戰勝一切。

至於說司馬懿為了奪權，苦苦忍耐三十年就更可笑了，曹丕、曹叡在世時，魏國是非常穩定的國家，想要奪權，難度比取代當初搖搖欲墜的漢朝還要難上百倍，但曹丕只活了四十歲，曹叡活了三十六歲，兩任皇帝早逝才讓魏國出現危機，而司馬懿活了七十二歲，如果說司馬懿早就料到他能活得比兩任皇帝久，能夠以此建立司馬家的政權，那未免太過匪夷所思。

在曹操、曹丕當權時，司馬懿並沒有太多謀劃，當時無論做什麼都是沒用的，然而，後來曹爽自己犯蠢給他機會，司馬懿就不客氣了。

說書人後記

或許有人會想，說書人是不是討厭司馬懿？怎麼將這段歷史說得這麼不堪？老實說，我佩服司馬懿的謀略、但無法欣賞他的為人，這點倒不用遮掩，每個人讀歷史本來就有自己的觀點。

我認為道德並不是看歷史人物最重要的標準，曹操原本是漢臣，後來卻稱魏公、稱魏王，建立起曹魏的基礎，雖然有人就這點批評曹操，但我會為曹操辯護，他確實為漢朝盡過心力，眼看國家不行了，曹操與身邊的文臣武將足以建立新的國家，那他自己開創公司有何不可？

不過，司馬懿的狀況有些不同，他是在魏國這間企業還有許多元老、還能持續經營時，他卻掏空公司，那當然得接受比較嚴格的批判。

前面提到的蔣濟，他身為太尉，又在曹魏擔任超過十年的護軍將軍，是司馬懿這次政變可以迅速奪下政權與兵權的關鍵人物，蔣濟以為司馬懿只是把無能的曹爽拉出朝廷中心，往後大家仍一起為魏國效忠，然而司馬懿的作為卻是讓自己與兒子掌握大權、執意將曹爽滅族。蔣濟自責「害死」曹家一族，這場政變沒多久，蔣濟便因為心病而過世，或許他至死也無法理解，司馬懿跟他同樣受曹家恩惠，怎麼狠得下心做出這種事。

司馬懿的哥哥司馬孚也是如此，身為兄弟，他完全無法認同司馬懿，司馬孚後來不願在晉朝做官，死前更說道：「我就算死，也是大魏的臣子。」

司馬家發動政變之後，年輕的皇帝曹芳歷劫歸來，心裡明白誰才是朝廷的老大，任司馬懿為丞相，司馬懿堅決推辭，他一生沒有篡位稱帝，也沒有當上丞相，其後皇帝加九錫、或賜予免於跪拜之禮，司馬懿始終不受，至於是愛惜羽毛，或是不想被人責罵，這就不得而知了。

當然，不談殘酷的歷史部分，司馬懿的人生智慧與謀略，確實值得參考。

在我看來，司馬懿的座右銘不是「忍耐」，在司馬懿的人生教科書上，大概是這麼寫的：我不去想我做不到的事，因為再想也沒用，不過，當我有能力做到時，**我一定不顧一切付出行動。**

十五　跳槽三次，真的罪該萬死嗎？

——當三姓家奴並不可怕，可怕的是呂布根本不知道他想做什麼。

讀呂布的生平故事，越讀越覺得心驚，我們都可能曾在不知不覺中陷入了「呂布困境」而不自知，以為一時的失敗只是自己運氣不好，而沒有發現根本的問題。

呂布，三國中威名赫赫的戰神，有人說他勇猛無雙、有人說他只是個到處投降的「三姓家奴」，到底歷史中的呂布是什麼模樣呢？

呂布出身五原郡，在今天的內蒙古一帶，原本他就以武勇聞名，在并州做官，後來刺史丁原非常賞識呂布，便讓呂布擔任自己的主簿。

主簿一職，雖然是文官，但不能因此說呂布文武雙全，主簿負責管理公文書信和印鑒，其實這點說明了丁原非常欣賞呂布，他把呂布當作一個值得信賴的祕書，才會把最重要的事情交給呂布打理。

丁原這麼信任呂布，結果後來發生了什麼事呢？

董卓入京都，將為亂，欲殺原，并其兵眾。卓以布見信於原，誘布令殺原。

——《三國志．呂布傳》

當時丁原統管京城的禁衛軍，董卓入京，想要除掉丁原，併吞他的部隊，於是董卓誘使呂布殺害丁原。

呂布心中是否經過一番天人交戰，沒人曉得，但他做出了選擇，呂布親自殺害丁原，帶著首級去見董卓；董卓大喜，他重用呂布，並且和呂布「誓為父子」。

董卓是朝廷中最有權勢的人，呂布這個選擇，並不讓人意外，不過，後來董卓變成了人人喊打的大魔王，討伐董卓聯盟成軍，聲勢浩大，董卓看情況不妙，拋下了京城逃跑，火燒洛陽，遷都長安。

這時，司徒王允看出董卓大勢已去，王允便對呂布提議，讓我們聯手除掉董卓吧。

布曰：「奈如父子何！」允曰：「君自姓呂，本非骨肉。今憂死不暇，何謂父子？」布遂許之，手刃刺卓。

——《三國志‧呂布傳》

呂布說：「可是我們曾有過父子的誓言啊！」

王允淡淡回應：「你姓呂，又不姓董，本來就跟他沒有關係，何況現在大難臨頭、我們都快死了，還談什麼父子？」

呂布想了想，低下頭答應了。

話說董卓臨死之前，看到眾人造反，他還大叫「呂布何在」，董卓仍以為這是他最信任的部將，然而呂布來到董卓面前，親手了結了董卓的性命。

今天若要評論呂布，往往這麼說，如果因為待遇不佳，跳槽換工作是可以理解的，並不可恥，但呂布連續殺害兩任老闆，之後還有誰敢收留他呢？

這種說法當然沒有錯，不過，劉備早期常常投降別人、寄人籬下，也有人說劉備的形象是演出來的，那呂布為什麼不能複製劉備的模式，走上成功的道路呢？

當然，劉備講仁義，呂布對人毫無信義，兩人有本質上的不同，我們這裡探討的是其他可能性，假如說，我們給呂布一個「超強公關團隊」，當他殺害董卓時，對外發表道歉聲明稿，說明他原本認為董卓能夠挽救腐敗的東漢朝廷，但眼看董卓變得殘暴、惡行越來越深，於是親手殺了董卓，對於之前曾經輔佐董卓一事，向天下人致上最深的歉意。

咦！感覺好像很可以！這種政治人物或明星確實存在，反正說抱歉、說我以後會重新做人，通常還是會有人買單。

一般人們認為呂布的問題在於道德，但秦始皇無道，他還是統一了天下，而呂布的戰鬥力驚人，如果他憑著武勇、加強演技，是不是就能達成他的目標呢？

這邊就是我要談論的重點了，呂布最大的問題，不只是欠缺道德、謀略或演技，而是他根本沒有目標。

做為對照組，我們先來看看劉備的目標是什麼。

「漢室傾頹，奸臣竊命，主上蒙塵。孤不度德量力，欲信大義於天下，而智術淺短，遂用猖獗，至于今日。然志猶未已，君謂計將安出？」

——《三國志．諸葛亮傳》

劉備對諸葛亮說：「如今漢朝衰敗，皇帝完全沒有皇帝的尊嚴，我不自量力，想要在天下伸張大義，但智謀短淺、多次受到挫敗，才會落魄到這個地步，但我的壯志並沒有消失，有沒有什麼謀略可以幫助我呢？」

劉備早期到處流浪，但他的目標非常明確，他想要扶持漢室，需要根據地、需要一隻有力量的軍隊，而他一直在實踐這件事，無論遇到多少挫折，他都沒有改變目標與理想。

雖然劉備曾經投靠曹操，後來則跳出來攻打於他有恩的曹操，卻沒有人罵劉備「反覆無常」，因為劉備所走的路線非常明確，他說要匡正漢室，而曹操僭越了漢臣的身分，行為逾矩，所以劉備攻打曹操，合情合理；後來劉備照著諸葛亮「隆中對」的規劃，得到荊州和益州，成就了他的大業。

反觀呂布，他對於戰略的目標，實在是大有問題。董卓垮台之後，呂布自己出來創業當老闆，不到七年就敗戰身亡，在這段期間中，呂布就像個無頭蒼蠅，不知道他在忙些什麼。

太祖初使宮將兵留屯東郡，遂以其眾東迎布為兗州牧，據濮陽。郡縣皆應。

——《三國志．呂布傳》

當曹操的老朋友張邈反叛曹操時，張邈找呂布聯手，呂布二話不說就答應了；這波突如其來的攻勢，讓曹操促不及防，呂布占據濮陽，各個郡縣都群起響應，對曹操造成很大的傷害。

曹操重整兵馬，擊退呂布，呂布暫時投靠徐州的劉備，但過沒多久，呂布又發揮了「背刺」技能，他發兵偷襲劉備的下邳城。

呂布打贏了劉備，不過，我們實在看不出來呂布攻打劉備有什麼好處，他先投奔劉備，後來卻兩度把劉備打趴在地上，第一次，劉備低頭向呂布求和；第二次，劉備火大了，帶著軍隊投奔曹操。

於是，曹操帶上更堅強的陣容來打呂布，最終包圍了下邳城，活捉呂布，將呂布處斬。

回頭來看，即使呂布一度造成曹操和劉備很大的損傷，但這種毫無戰略目標的打法，對自己根本沒有任何好處。

歷史中，呂布確實英勇無雙，時人稱「人中呂布，馬中赤兔」，呂布最初深受丁原和董卓的賞識，都可以看出他的個人能力與魅力，才能夠讓上司欣賞他、讓下屬願意跟隨他。

然而，如果連自己的具體目標都不清楚，不可能成為一個好的領袖。

呂布對外征戰，缺乏明確的方向，對內領導，他又沒有真正的大哥風範，他雖然想做老大，想得到大家的尊敬，但所作所為完全不是那麼一回事，導致了敗亡的命運。

呂布在下邳兵敗，被捉到曹操面前，還有一段有趣的八卦新聞。

布謂太祖曰：「布待諸將厚也，諸將臨急皆叛布耳。」太祖曰：「卿背妻，愛諸將婦，何以為厚？」布默然。

——《三國志．呂布傳》引注《英雄傳》

呂布對曹操大聲說道：「我平常對將士們那麼好！誰知道最後他們背叛我，我才會落得這個下場啊！」

曹操冷冷回道：「你愛部屬嗎？你愛的是他們的妻子吧？你曾背著老婆跟其他將領的妻子亂來，還敢說自己對部屬好啊？」

當然，「愛諸將婦」只是呂布眾多缺點的其中之一罷了。而且他至死還沒有認清這一點，呂布曾向曹操求饒，說自己願意效忠曹公，曹操尚未回應，身旁有人淡淡說了一句話。

劉備說道：「曹公，你忘了丁建陽和董太師了嗎？」

呂布聞言，指著劉備破口大罵：「這個大耳朵才是最不能相信的人啊！」

劉備如何對待部屬，史書中有太多例證，正因為劉備講義氣、始終如一，關羽、張飛、諸葛亮等人才都願意為劉備效力，反觀呂布雖然有優秀的天賦才能，但目光與見識實在差太遠了。

說書人後記

這一次的故事，我想到了一個新名詞，呂布困境——明明有天賦、有實力，卻被蒙蔽雙眼，從來不肯正視自己的弱點，無法在失敗的經驗中學到教訓，反而走向滅亡。

這樣的例子太多了，例如創業開一家咖啡店，一年後發現入不敷出、選擇關店，你可能選用好的咖啡豆、採用上好的食材，偏偏就是做不起來，看著其他成本低廉的店家賺大錢，一邊想著自己運氣真差，一邊咒罵「果然就是黑心才能賺錢啊！」然而，真的是這樣嗎？

當然我不否認，做壞事往往比較容易發大財，但是先將這樣的例子擺一邊，明明也有許多認真經營獲得成功的店家對吧？那麼你們的分別是什麼呢？只是運氣不好嗎？

嗯，呂布也是這樣想的。

老實說，我自己也曾陷入過「呂布困境」。年輕時覺得自己寫作沒得獎、投稿沒有被選中，都是時運不佳，帶著盲目的傲氣輕視別人、對於得獎作品嗤之以鼻，現在回頭想想，真的是非常羞愧，光是這樣的心態就幾乎注定要失敗了。

當我讀歷史時，心中嘲笑呂布這個笨蛋，怎麼會覺得自己的失敗都是別人的錯呢？他自己問題這麼多，他都沒看到嗎？如今終於恍然大悟，靠！我也是看不到自己的毛病啊！這樣的例子比比皆是，說起來，**檢討自己的不足，試圖改正自己，本來就是最難的課題啊！**

說到呂布帶兵的實力，遠遠勝過劉備，所以在他眼中，大概只會覺得劉備運氣比他好，而忽略了他們本質上的差別，劉備能任用身邊有才能的人來彌補自己的不足，但呂布心中所想的，自始至終都是自己。

看完了這個故事，往後嘗到挫敗之後，先別想什麼我運氣真差、別人運氣真好，記得先檢討自己，是否真的盡過了最大的努力，再來談運氣吧。

或許，呂布直到臨終前，還以為自己是運氣不佳才有如此下場。

事實上，呂布的故事再次證明了一件事，天賦不會決定你的成就，選擇才會，

你的每一個選擇，決定了自己的命運。

第三章

讀三國，看懂人生選擇

十六 為什麼當壞人總是比較爽，真的有報應嗎？

——你遍尋不著臥龍、鳳雛？或許，因為你是董卓。

讀過了許多歷史人物與故事，與其說「善惡到頭終有報」，我更相信一件事，那就是「種什麼因，得什麼果」。

東漢末年，黃巾之亂給予烏煙瘴氣的朝廷重重一擊，漢朝幾乎名存實亡。

至於壓死駱駝的最後一個胖子，正是董卓。

當時各路諸侯群起討伐董卓，於是董卓焚燒洛陽宮室，挖掘陵墓，挾帶著天子與所有寶物遷都長安。

卓性殘忍不仁，遂以嚴刑脅眾，睚眦之隙必報，人不自保。乘青蓋金華車，爪畫兩轓，時人號曰竿摩車。法令苛酷，愛憎淫刑，更相被誣，冤死者千數。百姓嗷嗷，道路以目。

——《三國志·董卓傳》

董卓自封為太師，平日用的都是錦衣玉食，外出坐的則是比藍寶堅尼更潮的青蓋金花車；誰敢瞪他一眼，睚眦之仇必報，法令苛酷，動用私刑，當時冤死者達上千人，百姓怒不敢言，在路上相見只能以眼神相互示意。

話雖如此，董卓或許還不算是最爛的老闆——因為他還有那麼一點點自知之明。

董卓知道自己結怨太多，擔憂遭人謀害，平時都請保鑣呂布隨侍在身邊。但董太師稍有什麼不如意之事，就會遷怒身邊的人，董卓曾因為一件小事對呂布扔出手戟，還好呂布的攻擊和敏捷夠高，閃身避過，呂布壓抑怒氣，低頭賠罪，但心中對這位老闆的恨意日漸加深。

如果老闆出香蕉，只能請得起猴子，而老闆喜歡出手戟，大概也只能請得起呂布。

正史上呂布的形象與三國演義非常相似，武勇過人，反覆無常，當時有志之士皆離董卓而去，但呂布卻選擇殺害前任主管丁原，投效董卓；幾年後，在王允等人的勸說下，呂布再次做出了他的選擇。

丁原並不是呂布的義父，不過在正史中董卓與呂布確實「誓為父子」，董卓臨死之際仍大呼呂布名字，盼能得救，但呂布親手刺殺董卓，了結這個禍亂天下的元凶。

這個故事告訴我們什麼呢？

俗話說：「善有善報，惡有惡報，不是不報，時候未到。」很多人可能對這句話嗤之以鼻，看看社會新聞、看看歷史，許多壞蛋賺了大錢、做出了一番大事業，這不是很不公平嗎？

不過，我們應該看得更遠一點。且說秦始皇以霸道統一天下，建立不朽功業，但也因為他的殘暴，使得民心背離，讓大秦帝國迅速崩解；董卓入主中央，掌握大權，若他有心整頓朝政，或許能讓頹敗的東漢改頭換面，但董卓只顧滿足個人的私欲，終至毀滅。

其實，我並不相信什麼「善惡到頭終有報」，但我相信這個世界確實是「種什麼因，得什麼果」。

董卓和呂布最後都沒有好下場，與其說是上天制裁，說穿了就是自食惡果，當你利益薰心、身邊也都是只重視自己私利的人，即使短期合作順利，這種關係怎麼可能長久呢？

說書人後記

說完了董卓這個負面教材，我們來看看正面的範本。

當然，講到物以類聚，一個團隊中都抱有同樣理想、為相同目標努力的劉備軍團就是最好的例子，不過說書人老是說劉備，觀眾可能看得悶，這邊說說另一個故事。

大家都聽過孔子與他的七十二位弟子，其實，說到孔子周遊列國的故事，那也是一段愛與勇氣的故事。

我相信許多人聽到孔子就翻白眼，覺得儒家思想根本沒用，說什麼仁、說什麼愛人，現代根本不能聽這一套，越善良、越是為別人著想，都是自己吃虧。

如果真的這樣想，那恐怕誤解了孔子的思想，因為孔子從來沒有教大家當個濫好人。

有人問，以德報怨，這樣是好的行為吧？孔子卻說，以德報德、以直報怨才是對的；孔子又說，如果你用德來報怨，那你該用什麼來回報真正的仁德呢？

這真是當頭棒喝！我們心中應該有個明確的標準，好好珍惜對待真正對我們好的人，有些人擺明利用你、不尊重你，那就畫個界線，如果你無差別地對別人好，反而才是錯誤的。

孔子認為，與其試圖討好所有人，不如「善者好之，不善者惡之」。

生而為人，永遠不可能得到所有人的喜愛。孔子當然知道，如果他將自己的標準放低、不要太過堅持，他可能會得到更多人的認同。不過，把理想降低的孔子，那還是孔子嗎？

如果用更浪漫的角度來看，孔子或許心中曾想過，那些不喜歡我的人、那些批評我的人再多，那又如何？我擁有一群喜歡我、敬愛我的好學生，那就足夠了啊！如果你曾想過，「做好人很吃虧」，不妨重新想想，真的會吃虧嗎？

物以類聚，人以群分。所以董卓遇到了呂布，劉備遇到了諸葛亮，孔子收服了一群有才能的弟子。

孔子經歷許多磨難，劉備則是多次兵敗，想像一下，跟著他們逃難未免太辛苦了吧！但奇妙的是，他們就是擁有一群志同道合的夥伴，死心塌地追隨他們，用純粹利益的眼光來看，這根本沒有任何好處，然而，他們用自己的生命，寫下了歷史，贏得了後世的尊重。

十七 為什麼父母老是不懂我？

——曹彰向曹操證明，他就是曹家的第一猛將。

親子關係，向來是古今以來一大難題。曹操用人不計品德、唯才是舉，在古代可說是想法非常前衛的領導者，然而，曹操面對兒子，仍不免有傳統的一面，他如何化解親子之間的衝突，這則故事值得現代的父母深思。

歷史記載中，曹操共有二十五個兒子，其中最有名的是長子曹昂、次子曹丕、第三子曹彰和第四子曹植（曹昂為庶出，另外三人為卞皇后所生，曹丕為嫡長子）。

曹昂早年在曹操與張繡征戰時，捨身救父、戰死宛城，於是後來曹丕與曹植成為曹操繼承人的熱門人選，如果是對曹家不甚熟悉的觀眾，或許會好奇道：為什麼是曹丕和曹植爭位？那三兒子曹彰跑去哪裡了？

簡單說起來，曹彰並不是什麼「乖兒子」。曹操自身允文允武，既是軍事家、也是著名的詩人，在他的栽培下，曹丕與曹植皆長於詩文，曹操、曹丕、曹植三曹為建安文學的代表人物，然而，偏偏有個兒子根本不想讀書，這個人就是曹彰。

曹彰，字子文，這個名字或許說明了父母對他的期望，但他自幼不喜從文、嚮往為將，他擅長騎射、臂力過人，甚至能夠徒手與猛獸搏鬥，曹操知道曹彰的志向後，常常壓抑他道：「你不好好讀書學習聖賢之道，一心想乘馬擊劍，這樣只不過是個匹夫罷了！」

從此之後，曹操更加要求曹彰的功課，請家教輔導曹彰讀詩經、尚書，曹彰正值血氣方剛的年紀，曾對左右抱怨道：「大丈夫就要像衛青和霍去病那樣，率十萬大軍征戰沙場、立功建號啊！怎麼能夠讀書做博士呢！」

今日看來，這種情景一點也不陌生。

「我有我自己想要做的事啊！你們怎麼就是不懂呢！」中二少年把門一甩，躲進房間裡拍桌子。

「我是為你好啊！讀書才有前途，你怎麼就是不懂呢！」天下父母心，古今皆然，連思想開放的曹操也不例外。

當時曹操想必苦惱不已，為了這個兒子，頭痛又加劇了不少，然而曹彰並沒有改變心意，有一次，曹操在家庭聚會中，讓每個孩子談談自己的未來志願，曹彰明明知道父親心目中的「標準答案」，但他還是勇敢說出自己的答案。

「我願為將軍。」曹彰堅定說道。

「想當將軍啊……」曹操平靜說道：「那你會如何當個將軍呢？」

「我將親自披甲上陣，不顧危難、身先士卒，有功必賞、有罪必罰。」

曹操聞言哈哈大笑。往後，曹操多次出征，都會將曹彰帶在身邊。

難道經過這次會談，曹操就接受曹彰的志向嗎？只怕未必，曹操本來就常讓兒子隨同征戰，更合理的解釋是，他想讓曹彰親眼見識戰場的嚴酷，讓曹彰看看會不會打消這個念頭。

而曹彰證明了，他不是隨便玩玩、他是認真的。

經過幾次戰事，曹操漸漸認同曹彰的能力，當烏丸少數民族叛亂時，曹彰被任命為北中郎將，行驍騎將軍之職征討烏丸。

這是曹彰初次擔當大任，出征前，曹操提醒道：「居家為父子，受命為君臣，你出發以後為父便不能保護你了，一切以國家王法行事，你要謹慎小心啊！」

這話可以看出曹操鐵面之下的柔情，而曹彰並沒有讓父親失望，這次北征叛胡，敵軍勢眾，曹彰先行固守，待敵軍退兵時才開始還擊，曹彰親身搏戰，連續射倒數名胡騎，趁勝追擊，叛軍退散。

初戰勝利，眾人都說部隊遠道而來，人馬疲累，而且照規定軍隊不得越過邊界，已經不能再追了。

「我們辛苦行軍至此，不就是來打勝仗的嗎？怎麼能因此受舊規定限制呢！趁敵軍尚未走遠，我們一鼓作氣進攻，此戰必勝！」

曹彰認為眼下正是決勝的機會，下令全軍追擊，若有士卒落後便即處斬，曹軍花了一天一夜追上敵軍，大獲全勝，斬首俘虜數千人，曹彰加倍賞賜眾將士，軍中無不心悅誠服。

此役曹彰以少勝多，他身上的鎧甲中了好幾箭，但他仍陷陣殺敵，接連射倒前後多名敵人，確實稱得上是勇猛果敢的良將。遼東鮮卑的首領軻比能，原本想趁兩軍交戰伺機而動，見曹彰所向披靡，決定歸順，於是北方盡悉平定。

曹彰立下大功，但他回去見曹操時，沒有一絲驕傲，將功勞歸於眾將士，曹操見到了曹彰這番戰績與應對，開懷大笑，上前捋曹彰的鬍鬚說道：「我家的黃鬚兒真是個奇才啊！」

曹操與劉備爭漢中時，劉備占地利優勢，遣養子劉封向曹營叫陣，眼看劉封武藝過人，曹操忍不住罵道：「這個賣草鞋的，竟然敢叫養子跟我鬥，瞧我叫我家黃鬚兒來殺殺他的威風！」（魏略記載，曹彰日夜趕路前往漢中，但尚未到時曹操已退兵）看過這些記載，無庸置疑，曹操眾多兒子之中的第一猛將就是曹彰，這個原本讓曹操頭痛的孩子，後來成為了父親的驕傲。

讀完曹操和曹彰的故事，可以得到兩則啟示：

如果你是大人，當你無法認同孩子選擇的志願，至少應該聽聽他怎麼說、看看他打算怎麼做，大人不一定永遠是對的，曹操大人雖然反對曹彰為將，但他仍願意給兒子機會去挑戰，這點值得許多專制獨裁的家長學習。

如果你是學生，與其抱怨為何別人都不懂你的志向、為何家人都不支持你，不如想想你是否抱有和曹彰一樣的覺悟，是否真心願意在你的戰場上浴血奮鬥，假使你嘴上說得漂亮，卻整天在地上滾來滾去，當然不會有人相信你。

曹彰用自身的故事證明了一點——如果父母不懂你，那就以行動讓他們弄懂吧！

說書人後記

曹家父子的這則故事，我自己特別喜歡，其中一個原因，大概就是我之前曾當過升學補習班的導師。

事實上，我的工作不只是管理班級的導師，面對國中還不成熟的小朋友，更像是保姆、訓獸師、通靈師（因為青春期的孩子往往不會直接說他要的是什麼，他只會用鬧的，而你必須通靈猜出前因後果才能打開他心防），而且，還必須是一位親子溝通師。

一開始，我以為要讓年輕的孩子接受老師是困難的，但後來，我發現真正的大魔王不是孩子，而是家長。

孩子有時候覺得你說的有道理，願意聽你的話，但大人往往覺得「我自己的孩子我最瞭解」、「年輕老師不要多嘴」，這才是最頭痛的。

遇過許多次，學生對我開始信任之後，願意跟我說他們的心事，比如說想選擇文組、但家長逼他選理組，想選這間學校、不過家裡不准，許多家庭根本不存在討論，不存在商量，而是父母直接幫孩子做決定，於是「老師」變成了中間的橋梁，傳遞兩邊的想法、引導他們（其實更常是在引導家長）做出雙方都接受的選擇。

現在就請家長看看這本書，學學曹操的想法吧！

十八 做任何抉擇，為什麼都好糾結？

——與其說荀彧是忠於曹操、或是忠於漢室，我想，他忠於自己。

人生中，悲劇無所不在，豈能盡如人意，但求無愧於心。

荀彧這個名字，喜愛三國的朋友一定不陌生，如果對他不熟悉，那麼簡單介紹，《三國志》的主角是曹操，開宗明義第一卷，就是曹操的傳記，一路往下翻，第十卷，將荀彧、荀攸、賈詡並列同一卷，其中以荀彧為首。

這個書寫順序有什麼關係嗎？關係非常重大，史書以魏武帝曹操為正統，依序書寫帝王、后妃、諸侯、曹姓宗親，但扣除這些具政治意義的必要篇章，我們可以看到的第一篇人物傳記，正是荀彧。

用白話文來說，曹操若是第一男主角，荀彧就是男二，郭嘉、賈詡等人都只能排在他後面。

荀彧，字文若，容貌偉美，出身潁川世家大族。彧，音同玉，有文采之意。

荀彧二十九歲那年捨棄袁紹，追隨曹操，荀彧的角色既像是劉邦的張良、又像是蕭何，在曹操創業的路上，荀彧推舉了許多人才，又出過許多謀略，他始終是曹操背後最重要的依靠；然而，當曹操一步一步平定天下，想要做魏公、做魏王，這時兩人出現矛盾了。

說起荀彧的結局，就必須面對一個充滿爭議的話題，荀彧究竟是不是「漢臣」？

荀彧常常被稱作「荀令君」，他是漢朝的尚書令，而我們耳熟能詳的各個曹魏猛將則是魏臣，這是荀彧最特別的地方，他與曹操同為東漢的臣子，兩人起初都是以維護國家為己任。

然而，有人質疑道，若身為漢臣，那麼當曹操後來展露野心，一步一步鏟除異己、鞏固大權的時候，荀彧在哪裡？以荀彧在朝廷中的影響力，應該能夠試圖制衡曹操，但他做了什麼呢？

我認為，如果只是將荀彧視為「大漢忠臣」，反而看不到他身上複雜的悲劇色彩。回到歷史部分，荀彧投奔曹操時，曹操只擁有一隻小小的軍團，並沒有什麼勢力，荀彧最初選擇曹操，就是看中曹操有能力平定亂世，與漢帝無關；五年後，曹操才迎接漢獻帝，可見荀彧固然是心繫漢室，但他跟曹操的羈絆更是深厚啊！

這麼說並不是為了浪漫而牽強附會，而是最合理的解釋，若說荀彧一心向著曹操，或說他純屬漢臣，都說不通，說書人認為，他的心一半給了曹操，一半給了大漢，這才是最悲傷的地方。

關於荀彧之死，有多種不同的記載與傳言，有人相信他是因憂鬱而死，也有人相信他是被曹操所害，其中最為人所熟知的一個版本就是「空盒子殺人事件」。

當時曹操有意做魏公，已經有明顯的僭越之心，荀彧自然是持反對意見，兩人的關係降至冰點。曹操上表將荀彧外派去外地勞軍，表面上，荀彧仍是位高權重，其實完全脫離了朝廷中心，或許是這個原因，荀彧病倒了。

彧病留壽春，操饋之食，發視，乃空器也，於是飲藥而卒。時年五十。帝哀惜之，祖日為之廢燕樂。謚曰敬侯。明年，操遂稱魏公云。

——《三國志·荀彧傳》引注《魏氏春秋》

重點來了，荀彧在外養病，曹操饋贈食物給他，然後，荀彧打開便當一看，心都涼了，盒中正如他和曹操之間的感情，空空如也。

空便當雖然沒有明確的寓意，但怎麼看都不是好事，彷彿在說，你已經沒用了。於是荀彧飲藥而死。

其實，說書人並不完全相信這個故事，以曹操的智謀，找藉口將荀彧外派已經是個明顯的暗示，空便當反而是多此一舉了，而荀彧為曹操奉獻一生，卻換來這些對待，即使沒有那個空盒子，我想荀彧也是會難過而死的。

由於荀彧自帶聖光的形象，人們總會將他的結局與「死諫」聯結在一起，但荀彧不像是死讀書的文人，他輔佐曹操時，談論的都是治理天下之事，難道說他在教曹操造反嗎？當然不是，如果曹操平定各路軍閥，各地軍民百姓都順服，那並不是什麼壞事啊！

以仁義救天下，天下既平，神器自至，將不得已而受之，不至不取也，此文王之道，文若之心也。

——蘇軾散文

蘇東坡認為，荀彧並不迂腐，如果曹操用仁義平天下之後，稱公、稱王甚至成為新的天子，荀彧也會接受；不過，曹操在赤壁打了敗仗，戰亂未平，曹操鞏固權力的手段卻越來越激進，對於漢帝已無任何尊重，當曹操急著想坐上更高的位子，荀彧出言阻止也是很合理的。

荀彧未必是抱著「死諫」的心情，我忍不住猜測，或許荀彧只是想找回他熟悉的那個曹操，當年眼神清澈、跟他談著如何匡正天下的曹操，別人開口是沒有用的，只有荀彧能喚回那充滿理想的曹操。

然而，回不去了，他們已經回不去了。

其實，曹操的行為並不難理解，他已經老了，不能再等了，為了自己，為了曹氏與夏侯氏家族，為了那些替他賣命打拚的魏臣，他得做魏公、做魏王，有必要時甚至直接取代漢朝；所以說曹操與荀彧的矛盾是必然的，是無解的，是宿命性的悲劇。

於是，荀彧也只能做出他的選擇。

以今日的角度來看，或許會覺得荀彧「愚忠」，愚忠於漢室，愚忠於曹操，但我並不會這樣看待。

最初在亂世之中，荀彧選擇輔佐雄才大略的曹操，助他討伐叛亂，後來曹操勢力已成，荀彧雖然反對曹操當魏公，但他沒有運用他的影響力來反抗曹操，那只不過是徒增動亂罷了，身為漢臣，他決定用自己的方式守護這個國家。

與其說荀彧是忠於曹操、或是忠於漢室，我想，他忠於自己——他做出了無愧於自己良心的選擇。

> 彧自為尚書令，常以書陳事，臨薨，皆焚毀之，故奇策密謀不得盡聞也。
>
> ——《三國志．荀彧傳》引注《彧別傳》

荀彧身為尚書令，原有許多機要文件，其中或許包含了曹操出征時徵詢他意見的大量書信，但荀彧死前一把火燒得乾淨，無論那些是情書、或是奇策密謀，現今都再也看不到了。

只留下史書中聖潔純白的一頁。

說書人後記

這一回的主題，很大，也很難說清楚。因為，這可能是荀彧自己也不確定答案的故事。

說到人生選擇，我們往往會疑惑、會掙扎，甚至在做完選擇許久之後，還回頭思索，這個選擇真的正確嗎？

事實上，我自己經歷越多、思考越多以後，終於確定一件事，世界上根本不存在完全正確的選擇；畢竟人生是不能重來的遊戲，當你點下這個選項後，你永遠不知道，另一個選項將會通往哪個未來。

雖然這聽起來是廢話，但當你執著於做出最佳解，實際上那個最佳解根本不存在，那不是白廢力氣嗎？

不過，還是有方法，可以讓人探問自己心底深處的解答。

我發現一個有趣的現象，有些人算命、算塔羅牌、求神問卜，他們說自己沒有想法，只好去問別人意見，奇怪的是，當算命結果出來後，他們「突然就有想法了」。有時算出來的結果符合預期，覺得安心不少，有時算出來的結果自己並不認同，又想著要不要去別家再看看……

有沒有發現，很多時候，其實你心裡是有想法的？

所以我認為，在做重要的選擇前，與其問別人，不如問自己，重複問自己「為什麼」，往往有意外的效果。這是我的經驗分享。

我的目標是什麼？如果是寫作，那為什麼要寫作？我這次想寫的核心主題是什麼？為什麼我覺得這主題是重要的？像這樣的問題，我在心中反覆想過好幾輪；而且，在不同的階段問自己，可能還會得到不同的答案跟收穫。

說不定，荀彧也曾在夜深人靜時，這樣問過自己。

荀彧為什麼最初輔佐曹操？他錯了嗎？不，沒有錯，曹操抵抗殘暴的董卓，逆轉了天下局勢，當時曹操是真心想要維護國家。

荀彧為什麼最後勸阻曹操？他錯了嗎？不，沒有錯，原本他跟曹操有相同的理想，既然這個部分已經消失了，那只好說再見了。

荀彧這個漢朝的令君，做錯了嗎？不，我想對荀彧說，他沒有錯。

我們做出的每個選擇，豈能盡如人意，但求無愧於心。

十九 自信是天生的？有沒有培養信心的方法？

——張遼威震逍遙津，是誰給他的勇氣與自信？

別傻了，梁靜茹並不會給你勇氣。所謂勇氣與自信，往往是靠自己訓練出來的，如果你連自己都不相信自己做得到，那奇蹟又怎麼會發生呢？

張遼是曹操帳下著名的猛將，而他生涯最傳奇的代表作，就是有名的「逍遙津之戰」，一場以八百人對抗十萬大軍的經典戰役。

乍聽簡直不可思議，八百人打十萬人，騙人的吧？讓我們繼續看下去。

當時曹操以主力軍隊討伐張魯，只留下張遼、樂進、李典和七千兵馬駐守，孫權則親率十萬大軍圍攻合肥。

不過，曹操早已料到江東可能會趁機偷襲，他留下一個錦囊妙計，吩咐等敵軍殺來時拆閱，於是，張遼等三人滿心期待地打開錦囊。

張、李將軍出戰；樂將軍守，護軍勿得與戰。

——《三國志．張遼傳》

諸將把信紙翻來覆去看了十次，滿頭黑人問號……不！說好的妙計呢？雖然曹操交代誰攻誰守，但是敵軍兵力超過我們十倍，竟然還要出戰攻擊對方，老闆你是認真的嗎？

大家都認為數千兵力對抗十萬大軍，不可迎戰，張遼卻看懂了曹操心意，兵力相差懸殊，固守也無濟於事，進攻正是最好的防守，如能出戰殺得敵軍措手不及，士氣一消一長，這才是防守的上策。

李典素來與張遼不合，但看到張遼身先士卒，豈能退縮，決定出戰；至於這點是不是在曹操計算之中，便不得而知了。

遼夜募敢從之士，得八百人，椎牛饗將士。

——《三國志・張遼傳》

當天，張遼從七千人中招募敢死之士，只要勇敢簽下去，便能享用平常吃不到的牛排、還能享有榮譽假，當晚一共募得了八百人；可見自古以來，壯士的人數必定就是八百人。

隔日，張遼、李典率八百人出戰數萬之眾，張遼一馬當先，殺了數十人、斬了兩名將領，口中大吼道：「張遼在此！」

一般戰場上根本不會有這種情景，各位觀眾不妨想想看，為什麼要大呼自名呢？身為主將，如果遭遇不測，豈不是會造成全軍潰敗嗎？

當然，張遼並不是為了耍帥，這次出戰最大的目的是以攻代守，所以，他必須讓敵人膽寒，讓敵軍徹底失去戰意。

張遼口中喊著，直衝到孫權麾下，孫權急忙躲避，召大軍包圍，張遼在亂軍中突圍而出，這時候聽到有人呼喊道：「我們捨命簽下去，將軍難道不管我們了嗎？」於是張遼殺進殺出，救出其餘部眾，如入無人之境。

張遼在合肥一戰驚天地、泣鬼神，一面討取敵將，一面自報姓名，比打電動還誇張，真人上陣演出了只存在遊戲中的劇情，後來甚至還差點擄走孫權，讓東吳完全打消了進攻的念頭，選擇退兵。

江東得到唯一的好處，就是以後再也沒有哭鬧的孩子，從此之後，據說只要說一句「張遼來了！」東吳境內立刻鴉雀無聲、小孩都不敢哭叫。我想參與過此役的東吳將士，好幾年之後都還是會做惡夢吧。孫權本人更是留下了強烈的心理陰影。

這段歷史記載讀來令人熱血沸騰，不過細細思考，身為一個久經征戰的將領，張遼當然知道以八百人對抗數萬大軍有多凶險，但他仍衝出去迎戰，而且是直接衝到孫權面前，委實不可思議，他到底是哪來的勇氣與自信？

我想世界上並不存在完全不會害怕的人，就算有，那也不過是莽夫而已，正因為清楚凶險與危難，仍勇於挑戰，才是真正的勇敢。

張遼當時所處的情境下，出面迎戰已不可避免，就算心中有不安或害怕，他必須在部將面前展現出最強悍自信的一面——信心往往是人喊出來的，如果連自己都不相信自己做得到，奇蹟又怎麼會發生呢？

於是，逍遙津一戰，張遼用他的自信締造了傳說。

說書人後記

在寫這系列故事時，由於一邊下筆一邊思考歷史與現代的對照，在我腦中常常會冒出一些奇怪的畫面。

比如說，如果在合肥之戰有個「賽後訪問」，記者應該會拋出像這樣的問題：請問張遼選手，面對這場幾乎沒有希望的比賽，你在賽前仍覺得自己會贏嗎？請問你保持信心的祕訣是什麼？

這樣的問題，在運動場上非常熟悉，事實上，從前的「超級明星將領」和今天的「超級明星球員」頗有相似之處，在最高等級的職業賽事中，球員們都是用盡全力在拚鬥，為了爭取榮譽，許多人都是「用生命在打球」。

有趣的是，最強的運動員跟最強的猛將真的很像，他們擁有過人的身體素質，但只憑體能是無法稱霸球場的，NBA一流的明星球員都有全方位的技術和籃球頭腦，如果對於運動員抱有「不需要動腦」的刻板印象，只要看過幾場比賽的賽後訪問，肯定會改觀的。

「為什麼你能夠投進致勝一擊呢？」

「那只是照著戰術跑，我知道我跑到那裡會出現空檔，我必須投進，就只是這樣。」

張遼不也是這樣嗎？當大家都質疑總教練曹操的指令時，張遼看懂了曹操的戰術，這個戰術並不容易執行，但身為明星球員，這就是他挺身而出的時候，於是張遼果斷出手，帶領曹魏打下一場不可思議的比賽。

籃球場上還有一個奇妙的現象，任何一個射手，比賽時在外線投籃有五成的命中率就算是相當高的了，然而，著名的三分射手柯瑞（Stephen Curry），當他投出信心的時候，總是能夠接二連三進球，就算你知道他要出手，防守球員貼身守他、有時甚至守到了中場線，柯瑞還是能投進誇張的超遠三分球，這究竟是怎麼辦到的？

柯瑞用他的投籃練習當作回答——因為那些你們看起來很誇張的距離、不可思議的高難度出手，是我每天必備的練習。

這是多麼完美的答案！我看過柯瑞賽前練習的影片之後，徹底成為他的粉絲，他總會在練習的尾聲跑到中場投籃，那種距離別人亂丟十球都不會進一球，他卻連續投出五球、連續命中五球，這段影片為「自信」下了最好的注解。

原來這就是所謂的強者！他自信，他在正式比賽時相信自己會投進，因為他在練習時，早就投進過幾千顆、幾萬顆那樣的球了。

很多人誤會了自信，並不是假裝自己很厲害，如果你幻想自己是柯瑞，在公園打球時充滿信心的亂投，球還是不會進；假如是別人想模仿張遼，衝進亂軍之中，那他只會瞬間倒下吧。

張遼平時訓練，肯定也是用最高的標準要求自己，所以才敢這樣接下任務。

從古代猛將與現代運動員的故事中，我們可以看到他們的致勝心法。

勝利總是伴隨著努力與自信，這兩點又是相輔相成的，由於過去投注了大量的努力，你才會對自己擁有信心；而當你經過鍛鍊、懷抱自信去挑戰一件事，自然會有更大的機會能夠贏得勝利。

二十 只過好自己的生活，會不會太自私？

——賈詡開班授課，亂世自保的黑暗兵法。

賈詡擁有絕頂的智謀，卻選擇「獨善其身」，這格局似乎太小了吧？但在亂世中，能夠讓自己與家人過好生活，或許他就別無所求了。誰說這不是個偉大的夢想呢？

三國歷史中，說到神機妙算、算無遺策的謀士，大家通常都會想到諸葛亮或司馬懿，但在歷史上，即使是諸葛亮或司馬懿都曾有過失誤，真正堪稱料事如神的謀臣，恐怕只有賈詡。

用一句話形容賈詡，我覺得他就是「三國股市」的王牌分析師。

在亂世之中，一般人根本看不清大盤的走勢、看不出應該選擇哪張股票，但賈詡分析師總是能做出正確的選擇。

賈詡很早就在官場上打滾，董卓入主洛陽時，賈詡在董卓部將牛輔的軍隊中，其後各路諸侯起兵，董卓敗亡，牛輔逝世，這時候大家都說應該解散軍隊，回家鄉避禍才是上策。

董卓這隻股票沒救了，拋售保命應該沒錯吧？且聽賈詡分析師怎麼說。

詡曰：「聞長安中議欲盡誅涼州人，而諸君棄眾單行，即一亭長能束君矣。」

——《三國志．賈詡傳》

賈詡認為，現在長安所有人都看我們很不爽，想要殺盡董卓派系的涼州人，我們如果四散而逃，只要派一隻軍隊過來就死定了；倒不如趁手上握有兵馬，一路西進，沿途招收士兵，反攻長安。

這個想法看似匪夷所思，但董卓方死，餘黨勢力仍在，李傕、郭汜等人聽從賈詡之謀，這一趟「西遊記」莫名其妙召集了十萬大軍，又與其他董卓舊部合圍長安，就這樣不小心打下了長安城。

眼看這隻「董卓股」就要套牢了，結果在賈詡的計策之下，竟然逆勢起飛賺了一波，攻下首都長安，實在是不可思議。

賈詡立下這麼大的功勞，應該可以在朝廷中占有一席之地吧？不，他知道天下尚未安定，走進權力核心反而是危險的事，李傕想封賈詡當官，但被賈詡拒絕了，他離開控制長安的李傕、郭汜，轉投地方軍閥張繡。

張繡只是個小角色，或許有人會質疑說，身為亂世分析師，賈詡怎麼沒有選擇曹操陣營？這樣不是有失精準嗎？

未必如此，我相信此時賈詡已經在觀察曹操，並且在尋找適當的進場時機。

話說賈詡在張繡陣營時，最讓人佩服的，就是與曹操交戰一事。曹操與張繡作戰，兩軍相持，有一天曹操突然退兵，賈詡預言說道，不能追，追了必敗；然而，張繡不聽，帶兵追擊。

然後他就輸了。

張繡帶著敗兵回來，賈詡分析師又開口了，就是現在，現在快追！張繡才剛輸得一身黑，滿頭黑人問號，賈詡沒時間跟笨蛋說明，叫他立刻追擊曹軍，於是張繡領兵再戰。

然後他就贏了。

張繡大勝回來，雖然高興，但實在一頭霧水，敵軍退兵時，他帶著精兵追擊卻失利；兵敗回來，以敗軍追擊反而勝利，這根本不科學啊？

賈詡的計策，乍看就是「反其道而行」，但他並不是賭運氣，賈詡示範了智者的思考模式，人面對問題通常有先入為主的想法，所以你必須先拋棄固有的思維，去探究其他可能性，才能看到一般人看不到的盲點。

賈詡對張繡說：「將軍你雖然善於用兵，但曹操更勝一籌，曹軍退兵，為了防止追擊，曹操一定會親自率精兵斷後，所以我說將軍打不贏他。不過曹軍為什麼會忽然退兵呢？想必是國內有事，曹操既然擋住你的攻擊，自會輕騎趕回去，留其他將領殿後，其他人不足為敵，所以我才說將軍一定打得贏。」

張繡聞言拜服。這番話就像是偵探小說中的推理秀，真相說起來很簡單，但在他說明之前，我們根本想不透。可見賈詡推理分析的能力有多驚人，坐在帳內就能算到曹操陣中大小事，堪稱古代的安樂椅神探。

張繡與曹操連年交戰，張繡軍團的勢力並不大，卻讓曹操吃了不少苦頭，甚至曾在宛城掀起叛變，殺了曹操的長子曹昂、猛將典韋；至於這是不是出自賈詡的計謀，那就不得而知了。

當時，天下的局勢處於劇烈變動中，沒有人知道未來將會變成什麼模樣，但賈詡似乎已經預見，北方的兩大強權，曹操與袁紹即將開戰。

終極二選一，選邊站的時候到了。

太祖拒袁紹於官渡，紹遣人招繡，并與詡書結援。繡欲許之。

——《三國志・賈詡傳》

袁紹派出使者拉攏張繡，說到河北的袁氏企業，那可是當代最強的一隻股票啊！張繡正待答應，誰知道旁邊突然閃出一個人影。

賈詡站出來，朗聲對使者叫道：「替我們回去辭謝你們家袁紹吧！他連自己的兄弟袁術都容不下了，還容得了天下國士嗎？」

此言一出，張繡陣營人人都驚呆了，竟然對使者如此無禮，這不是擺明跟強大的袁紹作對嗎？張繡差點沒崩潰。

張繡心中只想著，袁紹勢力強大，他自己又與曹操連年交戰，上次叛曹更殺害了曹操的兒子，怎麼可能再投降曹操？

還記得嗎？把你的思維逆轉過來！正因為不應該投降曹操，所以，更應該想想投降曹操有什麼好處。

賈詡分析說道：「第一，曹操奉天子以令天下，選擇曹操等於選擇維護天子。第二，袁紹強大、曹操弱小，我們就算投降袁紹，他也不會放在心上，但曹操看到我們必定大喜，更會重用將軍。第三，曹操正在成為霸王的偉大航道上，現在他想要收買人心，絕對不會計較之前的仇恨，將軍，不用再想了，選我正解！」

於是，張繡選到了正解，他的女兒嫁給了曹操之子曹均，接下來官渡之戰，張繡受封為破羌將軍，其後征戰袁譚有功，增食邑凡二千戶，漢末戰亂人口銳減，當時得有兩千戶已經是相當大的歲收了。

然而，賈詡之策未必是為了張繡著想，根據黑暗兵法，他很可能一直在觀察曹操的動向，並培養張繡的實力作為籌碼，官渡之戰前，賈詡看出曹操這隻股票即將大漲特漲，立刻賣掉張繡、轉買曹操。

曹操戰前根本沒有閒工夫理張繡，只要他們不偷襲就是萬幸了，誰知道賈詡竟說服張繡率眾投降，對曹操來說，這簡直就是天上掉下來的禮物。

> 繡從之，率眾歸太祖。太祖見之，喜，執詡手曰：「使我信重於天下者，子也。」
>
> ——《三國志．賈詡傳》

曹操高高興興牽起了賈詡的手說道：「使我能夠得到天下信任的人，就是你啊！」

奇怪了，曹操因為張繡死了兒子，賈詡可是張繡的頭號軍師耶！難道曹操不會記仇嗎？曹操當然不可能忘記這個傷痛，只是如同賈詡的分析，曹操正想要演一齣寬宏大量接納宿敵的戲碼，賈詡便送上這個劇本，兩個聰明人都知道對方在想些什麼，皆大歡喜。

再說回官渡之戰，這場大戰決勝的重點在於火燒烏巢，但敵軍的許攸陣前投降，勸曹操攻打烏巢，眾人都抱持懷疑態度，只有賈詡和荀攸認為這正是決勝之機，應該以奇襲一舉而定。

結果曹操真的大勝而歸，果然是不可質疑你的亂世分析師啊！

平定北方之後，曹操想要發兵南征，賈詡出言勸阻，曹操可能覺得賈詡預言百發百中太扯了，他這次不聽賈詡的話，向南發起赤壁之戰；結果，曹操嘗到了少有的慘痛失敗，說出一句千古名言。

「郭奉孝在，不使孤至此！」

「操！他不在，但我一直都在啊！」賈詡人概只能在心中這樣吐槽。

在這之後，曹操知道老師講話一定要聽，面對韓遂與馬超的聯軍，賈詡分析師說不必強攻、應該設法離間他們。於是曹操用賈詡之計挑撥韓遂、馬超，先擊破馬超，再平定韓遂，曹魏的勢力又得到擴張。

曹操從一個小小的軍隊起兵，此時坐穩整個中原，這樣的成就實在難得，曹操不再客氣，直接不演了，自己當起魏公、魏王，但他的年紀也大了，這份霸業遲早得傳給下一代——又到了終極二選一的時候。

曹丕雖為長子，但曹操一向喜愛文思敏捷的曹植，甚至認為曹植「可定大事」，曹丕對這位弟弟亦是深深忌憚。

曹丕問賈詡如何鞏固自己的地位，賈詡說：「願將軍胸懷大度，讀書修業不倦，不逾越違反兒臣之道，這樣就夠了。」

賈詡並沒有教曹丕爭奪什麼，只是教他自我砥礪，沒過多久，這次輪到魏王曹操上門請教了。

> 太祖又嘗屏除左右問詡，詡嘿然不對。
>
> ——《三國志・賈詡傳》

曹操屏退部下，詢問賈詡繼承人之事。這事可大可小，立嗣爭權往往有一場腥風血雨，先前曹丕曾向賈詡請教，可以看得出來，賈詡是屬於曹丕這一派，但他若發言支持曹丕，多疑的魏王會怎麼看待他呢？有什麼可以安然脫身的回答嗎？

於是，賈詡選擇不回答。

「我在跟你說話，怎麼不回答？」曹操追問道。

「屬下正好在想事情，所以沒有立即回答。」賈詡自然答道。

「想什麼事情？」

「我想到了袁紹和劉表父子。」

面對如此難題，賈詡說出了足以編進歷史教科書的神之回應。

袁紹長子為袁譚，劉表長子為劉琦，兩人立嗣時卻都偏好小兒子，造成內部人心浮動，換來慘痛的敗亡。劉表死後荊州勢力瞬間被曹操吞併，而袁譚與袁尚內鬥不休，更是丟掉河北大片江山的主要原因；曹操自己滅掉這兩個勢力，他比任何人看得都清楚，這頁血淋淋的歷史教訓猶在眼前。

曹操聞言大笑，其實，立嫡長子曹丕原本就是最合理的選擇，賈詡這句話敲在曹操的心頭上，終於決定立曹丕為太子。

曹丕上位，自然沒有忘了恩師賈詡，封他為太尉，貴為三公，諸子又加官進爵，賈詡一生至此也幾近圓滿了。

詡自以非太祖舊臣，而策謀深長，懼見猜疑，闔門自守，退無私交，男女嫁娶，不結高門，天下之論智計者歸之。

——《三國志．賈詡傳》

賈詡雖然位高權重，但他並非曹操舊臣，深自警惕，避免讓君主以為他有不臣之心，既不與其他達官權貴深交，兒女嫁娶亦不攀附高門。

自始至終，賈詡貫徹他的人生哲學，就算後人議論他的節操，但他在政局混亂時明哲保身，在曹魏平定天下的路上貢獻良多，機關算盡、看盡榮華富貴，享壽七十七歲，大概也沒有什麼遺憾了。

說書人後記

看完了賈詡的生平故事，相信大家都會同意，這個人的智謀實在太可怕了，活得這麼長又得到善終的謀臣，在歷史中非常少有，他一生中所有預言、所有選擇幾乎都是正確無誤，不過，你會不會覺得賈詡欠缺了什麼呢？

在古代，評論者認為賈詡缺少了讀書人最重要的「節操」。為《三國志》寫注的裴松之，對於賈詡語多批評，說他罪責深重，由於賈詡的提議，讓董卓餘黨展開「西遊記」，甚至可說是一句話造成天下動亂。

我倒不這麼認為，最初賈詡只是提出計策，後來李傕打下長安展開屠殺、禍亂朝廷，這就不是賈詡能夠阻止的了，而且他還是有努力掙扎過，當李傕與郭汜爭權相鬥、危害皇帝時，賈詡試圖調解兩方，並且維護天子，看到皇帝暫時平安無事，賈詡才選擇離開這個是非之地。

李傕想封他為侯，賈詡辭而不受，回答道：「此救命之計，何功之有！」

賈詡說得非常明白，當初他提議一邊召集軍隊一邊西進，並不是想要打下長安換取功名，他只是自保而已。

在現代，我認為沒有必要指責賈詡的節操，他換過許多老闆，那只是一種亂世的生存術；然而，現代人應該看的是賈詡的另一面，賈詡總是能做出對的選擇，但這樣「獨善其身」到底好不好呢？

看看賈詡的晚年，「懼見猜疑，闔門自守」，他明明為曹操和曹丕立下許多功勞，這樣一位了不起的老師，卻還是害怕被猜疑，甚至需要關上門來不與其他名士結交，讓人不禁感嘆。

過去我自己並沒有特別欣賞賈詡，在我心中，擁有絕頂智謀的人，如果把他的能力放在追求自己的夢想上，像諸葛亮或荀彧這樣，為了理想而打拚，更是讓人佩服；反觀賈詡，他擁有這麼高的智慧卻只用來自保，格局豈不是太小了？這樣真的過得快樂嗎？

然而，隨著年紀增長，我改變想法了。

七十多歲的賈詡，為了不引起猜疑，戰戰兢兢，這並不是為了自己，而是為了他的子孫啊！想像賈詡的晚年，他看過了各種榮華富貴，已經別無所求，如果說他有什麼心願，那大概就是希望他的家人、他的後代都能平平安安過生活吧。

是啊！這是很小的心願，也是很大的心願。我越來越相信，選擇沒有什麼對錯，夢想也沒有什麼高下之分，夢想寫作也好，夢想買房子也好，夢想結婚組成一個擁有平凡幸福的小小家庭，這些都是對的，都是好的。

你的夢想，由你自己決定，不必理會別人評價。如果你能為這個目標努力貫徹到底，誰說這不是偉大的夢想呢？

二一　為什麼要讀書？努力一定會有回報嗎？

——劉備告訴你，人生看似全憑運氣，其實命運取決於你自己的選擇。

「讀書根本沒有用」、「別傻了，努力又不一定有回報」不少年輕朋友抱著這樣的想法，覺得人生充滿運氣和偶然，乍看似是如此，然而，那扭轉命運的鑰匙，其實還是掌握在自己的手中。

喜歡蜀漢的讀者，可能都會經歷過三個階段。第一階段，被劉備、關羽、張飛的兄弟之情給感動，踏入三國坑；第二階段，發現小說中虛構了許多情節來美化劉備，開始懷疑劉備是不是個偽君子；而第三階段，讀了越多史書資料、經歷了更多人生波折，才看到劉備真正的強大之處。

翻開劉備的一生，堪稱歷史中的傳奇。

先主不甚樂讀書，喜狗馬、音樂、美衣服。

——《三國志・先主傳》

光看開頭幾句話，就足以讓學生們奉劉備老大為偶像，年輕時的劉備不愛念書，每到放學時間便脫下學校制服、換上潮牌服飾，流連於遊獵場、KTV等不良場所，他喜愛結交江湖朋友，身邊總是跟著一票小弟。

「孩子啊……你要好好讀書，將來做個有用的人。」

劉備的媽媽苦口婆心勸道，她和全天下的母親一樣，不希望孩子一輩子賣草鞋，她將劉備送至高級學府，授課老師為當代大儒盧植，正是往後黃巾禍起、董卓亂政期間維護東漢朝廷的一股清流。

然而，劉備家境不好，母親無法長期供他讀書，這時候，親戚中有位劉元起叔叔伸出援手，他不顧妻子反對，大力贊助劉備學費和營養午餐費。

「他家歸他家、我們家歸我們家，別多管閒事！」劉元起的太太怒罵道：「我們光是供孩子念書就夠辛苦了，你到底在想什麼啊？還動！」

「你聽我解釋……」劉元起跪著算盤說，「我看他絕不是尋常孩子，前途不可限量，這是我們劉家的榮耀啊！」

此處不妨停下來思考一個問題，為什麼劉元起如此看好劉備呢？

根據《三國志》記載，答案可能是因為劉備家旁邊有棵高大的桑樹，遠遠看起來像個車蓋，人們都道此家必出貴人，而劉備從小和其他孩童遊玩時，他說以後一定會乘上這馬車、做一番大事業，可見其志向不凡。

真的是這樣嗎？

這位劉叔叔到底為何如此大方、到底跪了多久的算盤，容後再敘，且說劉備得到親戚的金援，他是否把握機會認真向學呢？不好意思，讓大家失望了，劉備的心完全沒有放在學業之上。

記載中，我們看不出劉備從盧植老師身上學到了什麼，只知道劉備在學堂積極拓展人際關係，他結交了公孫瓚這位重量級的學長，公孫瓚年紀較大，劉備便將他當作自己的兄長一樣對待。

劉備本來就不是什麼乖乖牌，在我的想像中，如果長輩問年輕氣盛的劉備說：「你知道大人賺錢很辛苦嗎？你到底是去上課還是去交朋友的？」他肯定會挺起胸膛答道：「我就是去交朋友的啊！」

事實上，擅長「交朋友」正是劉備崛起於亂世的主要原因。

劉備早期擔任最高的職位為平原相，這是年薪兩千石的大官，待遇非常好，但出身民間的劉備並沒有急著坐上那童年嚮往的豪華馬車，他「外禦寇難，內豐財施」，對於地方的賊寇，劉備二話不說、先砍再說，對於境內百姓，劉備想辦法補助救濟，雖然沒有出色的政治能力，但他用真心跟人民搏感情、講義氣。

劉備擔任平原相時期，留下兩則經典的相關記載。

劉平結客刺備，備不知而待客甚厚，客以狀語之而去。

——《三國志・先主傳》引注《魏書》

當時有個看劉備不順眼的郡民買通刺客想殺他。身為地方首長，劉備沒有任何架子，仍是那個親民而充滿江湖味的大哥，他不計身分貴賤，與郡民同甘共苦、同席吃飯，刺客有的是機會殺他，卻下不了手，最後拍拍劉備的肩膀，要他好自珍重，語畢離去。

另一則故事發生在北海，當時黃巾暴亂，北海相孔融有難，遣太史慈向劉備請求支援，劉備聽聞後心情激動，慷慨激昂說：「孔北海竟知道世間有我劉備這號人物啊！」

「平原相」不只是一個名位，更是劉備得人心、得到仁義之名的起點，話說劉備起兵時還是個小小的縣令，到底是如何當上平原相的？沒錯，正是昔日同窗公孫瓚大哥上表朝廷封給他的！

若只看小說或戲劇，對於劉備未必會有什麼認同感，天生自帶漢室血統，開局首抽兩個武力破表的結義兄弟，明明只會哭跟逃命，每次遇到危難卻總能夠逢凶化吉，簡直是集全天下的好運於一身啊！太不公平了！

不過，我從史冊中看到的劉備，並不是一個「被動」接受運氣的人，他主動結識公孫瓚，才有升任平原令、平原相的機會；他以誠待人，以致於連刺客都不忍心殺他；他派兵解北海孔融之圍，始有仁義之名；後來冒險親赴戰場救援徐州，所以徐州牧陶謙決定將徐州讓給劉備，同時劉備之前幫助過的孔融，也出面替他站台說話，各位觀眾不妨想想，這一切究竟是命運推動著劉備，還是劉備推動了自己的命運呢？

劉備的努力為他打開機會的大門，但這條創業之路並不順遂，事實上，劉備經歷過數次接近滅團的慘敗，當每一次希望換來絕望，當這道大門一再關上，他卻從來沒有想過要放棄，史書用「折而不撓，終不為下」這八個字道盡了劉備的強悍。

讓我們回頭關心一下那位跪算盤的大叔，當初資助劉備這件事，乍看像是劉元起慧眼識英雄，但依我的推論，我更相信是劉備主動爭取得來的，不然在民生艱困時，誰會如此積極送隔壁家的猴死囝仔去讀書呢？

「叔叔，你有夢想嗎？」

——無史書資料，柳豫設計對白

劉備在家鄉涿郡起義，當時得到了中山富商張世平、蘇雙的大力支持，可見拉贊助本來就是他的拿手好戲；後來落腳徐州，劉備憑著點滿的魅力值，又將家產億萬的糜竺拖下水，成為創業路上的重要夥伴。

這一切既是運氣，也不是運氣。

有句話是這麼說的：當你真心渴望一件事的時候，全宇宙都會聯合起來幫助你。身為浪漫夢想派說書人，我想告訴你，這句話是真的，雖然聽起來很像騙人的東西，但那確實是真的，重點並不是全宇宙如何幫助你，重點在於你是否「真心渴望」。別想得太簡單了，看看劉備一生遭遇多少苦難，這就是真心渴望某件事必須付出的代價。

比起什麼吸引力法則，這才是亂世中成功的祕密。

說書人後記

讀書到底有沒有用，任何當過老師、為人父母者，或幫忙照顧隔壁阿姨家的小孩時，一定有機會聽到這樣的質疑，身為大人又應該如何回答才好？

我在補習班的時候，便曾經對學生簡略說過劉備的故事。有時候，你以為你在繞遠路，但只要認真看待那些路上的風景，肯定會有收穫。

狹義來說，在亂世戰場中，有太多事情比讀書重要了，比如經營人脈、軍事力量、外交手段，純粹以實用角度而言，讀書並沒有太大用處，這論點放在今天同樣適用，讀書未必能直接達成你想要的目標。

廣義來說，如果將讀書定義為「學習認識世界、看待世界的方法」，那麼讀書太有用了，盧植是東漢末年著名的政治家、經學家兼軍事家，他曾擊破黃巾、對抗董卓，以經世濟民為己任，若沒有這位令人尊敬的老師，劉備會不會展開這一段尋找夥伴、復興漢室的偉大冒險，實屬未知。

總是有學生問說，以後買菜用得到二次函數嗎？我念理組，難道一定要學其他用不到的文科嗎？但讀書未必是這麼單純的問題。

以我自己的經驗來說，我大學念企業管理學系，碩士班就讀文學研究所的文學創作組，第一份工作則是當補習班的導師，看似各不相關，白白繞了許多路，但這些事真的沒用嗎？人類的經濟活動說穿了都是人性的表現，管理學的核心也在於理解「人」，這些商學院的教育，讓我學會更有邏輯地思考問題；而文學院的老師和同學，打開了我的眼界、豐富了我的創作養分；在補習班的日子，常常被學生搞得想離職，但我總是想著，比起一般的老師，我可以多做些什麼，我開始對學生說故事，這很可能幫助我成為了後來的「說書人」。

世上沒有完全無用的經驗，端看你能從這些經歷中得到什麼。

至於努力到底有沒有用，答案就更明顯了。

歷史上，劉備當然不是什麼劉皇叔，他憑著自己的力量白手起家，一步一腳印，結交各路英雄，抱著以仁義平定亂世的初衷，無論遇到多少挫折，數十年來不改志向，如果不是真心想要開創基業，他早就放棄了。

如果劉備為了一己私慾，只想憑力量或機巧來奪取天下，他很可能會走上岔路，根本不可能擁有一票肝膽相照的夥伴，關羽和張飛只會失望地離去，諸葛亮的心門更不會向他敞開。

你可以說這一切都帶有運氣成分，但我還是傾向這麼說：世上沒有絕對的命運，只有由你的性格，決定你自己的命運。

而讀書或付出努力，不就是養成一個人性格的重要過程嗎？

第四章

讀三國，
看清
英雄背後的掙扎

二二 英雄不怕出身低，真有那麼簡單嗎？

——即使像曹操這樣的霸主，也有脆弱的一面。

人難免會羨慕別人、嫉妒別人，這種情緒是很難完全屏除的，這未必跟你的條件有關，其實任何人都有脆弱的一面，如何克服自卑或負面的想法，曹操就做了很好的示範。

說起三國群雄，曹操肯定是天賦最好的一位。

年輕時，曹操並沒有將心力放在「正經事」上面，他喜歡擊劍、喜歡飛鷹走狗的玩意，當時經學與文學算是做官的必修課，但曹操不愛這些教科書，他特別愛讀兵書，還為孫子兵法寫上自己的注解。

日後，曹操舉兵征戰，成為魏王，軍事能力自不在話下，更難得的是，曹操寫詩寫文章都有很高的水準，經過歲月的淬鍊，留下「對酒當歌，人生幾何？譬如朝露，去日苦多」這樣描寫人生的佳句。

寫文章跟帶兵打仗，固然需要付出努力與累積經驗，才能有所成就，不過像曹操這種人，恐怕幾百年也遇不上一個，有人窮盡一生寫詩，卻及不上曹操的水準，有人一輩子打仗，達不到魏武帝功業的十分之一，如果能夠生為曹操，擁有這樣的頭腦，簡直是最佳的人生開局吧？

等等，還沒說完呢！曹操的父親，家財萬貫，在朝廷擔任太尉；在東漢，太尉、司徒以及司空合稱三公，三公領九卿，可視為百官之首，雖然後來漸漸變成了虛名，未必握有實權，但仍可以看出曹操的父親是國家的重要人物。

好了，說到這邊，大概所有人都會羨慕曹操的天賦與背景，然而，奇怪的是，曹操本人似乎不是這麼想的，正史和野史中的曹操，都能看到「自卑」的形象，明明占盡了全天下的好處，究竟曹操在自卑什麼？

嵩靈帝時貨賂中官及輸西園錢一億萬，故位至太尉。及子操起兵，不肯相隨，乃與少子疾避亂琅邪。

——《後漢書》

先說歷史部分，曹操父親曹嵩的官位，《後漢書》說是花上「一億萬」的重金買來的，一方面看到曹家多有錢，另一方面也看到東漢末年有多腐敗，皇帝直接明示暗示官位可以拿來買賣，銀貨兩訖，童叟無欺。

至於曹家的財產怎麼來的，那得再說說上一代，曹嵩是宦官曹騰的養子，大家聽到宦官通常只有壞印象，事實上宦官的存在本身並不是罪惡，曹騰在宮中人緣好、聲望佳，也沒有操弄政治鬥爭，在當時算是一位好宦官，跟那些為非作歹的宦官不同。

然而，再怎麼說，宦官畢竟是宦官，曹操的父親曹嵩過繼給了曹騰做養子，曹操自然也就難以擺脫「宦官之後」這個不名譽的稱號，曹家雖然有名位與錢財，但在上流社會中，還是相當看不起他們的。

之後當曹操跟袁紹打仗時，袁紹的謀士就寫文章譴責曹操的父親是「乞丐攜養，因贓買位」，罵得有夠難聽，所以說，曹操的出身背景確實有優勢，但他年輕時可能常常遭別人白眼，被當成一個「靠爸」、「靠宦官爺爺」的少爺，想像曹操的心情，那肯定不好受。

如果我是曹操，我肯定會大叫：我才不要你們上一代的庇護！我要靠自己的實力出頭！

當曹操舉義兵討伐無道的董卓，他的父親並不支持他，曹嵩帶著小兒子遠走避禍，如果說曹操靠爸，還真沒什麼道理。

觀眾或許會發現到，曹操和袁紹這兩人有不少相似之處，兩人都是官二代、富二代，卻各有讓他們自卑的地方；袁紹的家世背景比曹操更好，但袁紹的母親只是個婢女，地位低下，他的弟弟袁術才是家中的嫡子。

這麼看來，年輕時的曹操和袁紹會成為好朋友，完全不奇怪。兩人的心路歷程非常相似，而殘酷的是，就算說袁紹和曹操「同病相憐」，不過袁家的名聲還是遠遠勝過曹操啊！

這樣就可以看出曹操自卑的根源，他對自己的出身背景，肯定存在負面的想法，而唯一能理解他心事的袁紹，卻又在他之上；另一方面，曹操雖然頭腦好，但他並不是什麼帥哥偶像，大眾對曹操的印象往往是「矮小」或「其貌不揚」，這又是一個他心裡的傷口。

《三國志》中，並沒有說曹操矮、說他不好看，但問題就在這個「不說」，史冊對劉備、孫權、袁紹、公孫瓚，都用正面的文字描寫外表，這幾位爭天下的英雄，先不論實力如何，但外型都非常威風，偏偏對於曹操什麼都沒有寫，這該不會是長太醜不敢寫吧？

歷史中沒有進一步的資料，但《世說新語》中，倒是有一則相關故事。

魏武將見匈奴使，自以形陋，不足雄遠國，使崔季珪代，帝自捉刀立床頭。

——《世說新語・容止》

曹操要見匈奴來使，對臣屬說，他自己的相貌不足以雄服匈奴，請崔琰代替接見使者。

崔琰這個人眉目英朗，聲音洪亮威武，曹操讓崔琰裝作魏王，自己在旁邊替他提刀，站在床邊觀察使者。接見完畢後，曹操派間諜探問匈奴的使者，問他們說魏王如何，匈奴使者回答，魏王儀表堂堂；但床頭捉刀的人，那才是英雄啊！

這則故事相當有趣，曹操雖然想要偽裝，但「霸氣外漏」，擋都擋不住。

《世說新語》帶有小說性質，可以當作古代週刊看看，真實性未知，說書人說到這邊，只是想告訴大家，曹操沒有大家想像中那樣得天獨厚，他也有他的煩惱。

人難免會羨慕別人、嫉妒別人，這種情緒是很難完全屏除的，這未必跟你的條件有關，其實任何人都有脆弱的一面，那麼，魏武帝曹操又是如何克服這種心態呢？

當董卓隴斷朝政時，關東聯盟組成聯軍討伐董卓，這邊就能看出曹操的不凡之處。

最初董卓想拉攏曹操，讓曹操擔任要職，對曹操來說這或許是「扭轉人生」的機會，但曹操並沒有向胡作非為的董卓低頭，他冒著生命危險逃回家，舉義兵對抗董卓。

三國演義有一回「十八路諸侯討伐董卓」，實際上應該是十路兵馬才對，據《三國志》記載，起兵的有後將軍袁術、冀州牧韓馥、陳留太守張邈、兗州刺史劉岱、豫州刺史孔伷、廣陵太守張超、河內太守王匡、山陽太守袁遺、東郡太守橋瑁、濟北相鮑信。

是的，你沒有看錯，沒有曹操的名字——因為曹操的地位根本放不上這份名單！雖然曹操確實有出兵，但沒有人把他當一回事，這就是殘酷的事實。

除了老朋友袁紹，當時唯一看重曹操的人，是濟北相鮑信。至於其他太守、刺史，恐怕根本不曾用正眼看過曹操。

如果我是曹操，我大概會想，我一定要你們這些人好看！讓你們知道我的厲害！曹操心中或許就是這麼想的，面對強大的董卓，各路兵馬沒有人敢打頭陣，於是曹操一馬當先、率隊出擊，然後，曹操吃了一個大敗仗，差點丟了性命，如果不是他家族的弟弟曹洪把馬讓給曹操，曹操恐怕就此登出遊戲。

不過，我從這段故事中，看到的是另一件事——曹操只注視著頂點。

或許，能夠成為傳說的人，都是一開始就瞄準頂點的人。曹操這次敗戰之後，所有的財產、士兵幾乎歸零，但他還是沒有放棄希望，不屈不撓繼續奮戰；後來曹操占領中原，勢力早就超過當初那些看不起他的太守、刺史，曹操也沒有任何一絲自滿的樣子，勝過那些泛泛之輩，根本不算什麼。

那麼，當曹操千辛萬苦打贏他的老朋友袁紹，應該可以開心了吧？這可是難以想像的成就啊！

官渡之戰，這場曹操與袁紹的比賽，如果在今天用運動彩券來開賭盤，買曹操大概就是一賠十，沒有人看好他能贏，結果，曹操硬是打贏了這場以少勝多的大戰。

曹操大勝之後，倒也沒有欣喜若狂，他用實際的行為，告訴大家為什麼他能夠成為王者。

曹軍擄獲了袁紹的大批士卒、奪得許多軍資珍寶，除此之外，曹操還發現許多重要信件，仔細一看，竟然是曹操自己的部將與袁紹往來的書信。

如果你是曹操，你該怎麼處置這件事？這些人在戰爭前，已經想好了後路，隨時可能投奔袁紹，太過分了吧！

曹操看都不看，一把火將這些涉及反叛的書信全部燒了，他對眾人說道：「沒事！當袁紹強盛的時候，連我都不能自保了，何況是大家呢？」

如果曹操是個普通的將軍，他可能會一心想著如何勝過韓馥、張邈、劉岱、孔伷、張超，或者一心想著如何戰勝袁紹，等贏了袁紹，就讓那些看不起他的人、背叛他的人付出代價，假如這樣想，絕對做不出「火燒書信」既往不咎這件事。

這就是曹操的格局，他比一般人高出太多太多了。

還記得那個關於曹操矮小的傳說嗎？身高真的不代表什麼，你的眼界和你的器量，才會決定你的高度。

說書人後記

人活在世界上，幾乎不可能逃過「比較」的命運。

小時候，親戚的聚會中，各家總會比較誰的小孩會念書、誰會什麼才藝；而在學校求學或出社會工作，更是一場無止境的賽跑，永遠比不完。

「自卑」是個很奇怪的詞，我想應該沒有人一生下來就覺得自己很糟糕，往往是因為比較，因為其他人強加觀點在我們身上，我們才會冒出自卑的感覺。

而曹操就為大家示範了他的應對方法，這種感覺並不會憑空消失，你越是去看別人擁有的東西，你就會更難受，為什麼袁紹家名聲這麼好？為什麼這麼多人都投向袁紹陣營？**不過請記得，別只看別人，多看看自己。**

曹操接受了現實，並且去思考，好，我沒有袁紹的優勢，但我有什麼？我應該怎樣運用我的強項？

當你目光回到自己身上，安排行程、充實自我，你會發現你滿腦子都想著如何讓自己成為更好的人，根本沒空羡慕別人。

我從歷史記載中，推想曹操的生活，他的行程安排之充實，簡直匪夷所思，一生征戰無數，又寫下許多著名詩文（還納了不少人妻、生了不少孩子），真正的強者根本不會讓自己閒著，最大化利用每天每分每秒，才能做出凡人做不到的成就。

就算曹操在世時，真的有孤傲與自卑夾雜的矛盾心境，但他從來沒有被這種負面情緒所影響，不管後人喜歡他或不喜歡他，都不得不嘆服他在軍事、文學、政治上的成就，這就是「超世之傑」曹操啊。

二三 在劇烈變遷的環境中，如何走出自己的路？

——孫權評價不如曹操、劉備，但他走出了屬於自己的路。

每個男孩子，小時候都曾夢想做個大英雄，但是當長大以後、認清了現實以後，發現自己一生永遠不可能成為想像中的英雄，你會怎麼做呢？

我一向認為，孫權是三國之中最悲劇的人物。很遺憾，我只能稱他是悲劇人物，而不是悲劇英雄，說起來，早逝的孫策和周瑜都可以說是悲劇英雄；而活在這兩人的時代，孫權恐怕很早就認識到，自己根本沒有他們那樣的天賦，他永遠當不了像哥哥那樣騎馬打仗、所向無敵的英雄。

如果你有一個優秀的哥哥，你大概就可以瞭解孫權感受的十分之一，從小到大，哥哥什麼都會、什麼都比你厲害，活在這種陰影之下本來就是一種痛苦，而且更可怕的是，孫權有兩位哥哥。

初瑜見友於策，太妃又使權以兄奉之。

——《三國志・周瑜傳》

孫權的母親很早就認識周瑜，當孫策過世後，母親再次告誡他：「阿權啊！現在哥哥不在了，周郎這麼優秀，你要把周瑜當作自己的親哥哥來侍奉他，知道嗎？」

知道個屁！如果我是高中生孫權，恐怕會發狂，一個英雄哥哥還不夠，上天竟然給我兩個英雄哥哥！大家都只會期待他們，而我就只是一個無法滿足別人期望的普通人啊！

如果你以前對孫權沒有特別的感覺，現在想想他的心情，應該知道他活得有多麼不容易了。

《三國演義》讓劉備當上第一男主角，《三國志》尊曹操為正統，那麼孫權呢？彷彿毫無特色，就只是個在江東玩沙的邊緣人。

有人說孫權得天獨厚，擁有父親孫堅的舊部、擁有哥哥孫策打下的城池，這就是三國中運氣最好的君王，但我認為這樣說並不公平。

如果你今年剛成年，哥哥突然掛了，你得接手家中新創的公司，這真的是一件值得高興的事嗎？還沒說完，這間公司內部人心惶惶，有的高階主管根本不聽你號令，外面還有個大企業等著併購你的公司（而且多數員工都贊成投降），換作是你，真的能扛起這一切嗎？

赤壁戰前，曹操的勢力強盛無比，江東許多人都有投降的意思，孫權堅持主戰，他起用周瑜、魯肅與曹操一拚，才有三分天下的局面。

年紀輕輕的孫權，在張昭、周瑜兩位重臣的輔佐之下，討伐反叛、平定山賊，一步一步鞏固江東的基礎；孫策當初在短短的五年間奪得江東六郡，堪稱史上最速創業傳說，不過以力量征服當地豪強，也帶來許多反彈，孫權上位後一一解決這些問題，東吳企業才得以長久經營下去。

現代不少人說孫權靠爸，若他地下有知，肯定會氣到彈出來罵道：「你才靠爸！你全家靠爸！」

又有人說，孫權雖然有些小小成就，但偏安江東，只是個保守派的君王。其實不然，孫權北伐親征曹魏至少四次，儘管孫權沒有打勝仗，你可以笑他親征一勝難求，但笑他偏安自守就有點問題了。

孫權到了中晚年，才漸漸失去競逐天下之心，或許這不能怪他，從前他看哥哥孫策打仗從來沒輸過，另一位哥哥周瑜上戰場也沒輸過，偏偏自己出征從來沒贏過，用兵本來就需要一點天賦，孫權慢慢認清「自己永遠無法像哥哥那樣」，恐怕這也是他的心理陰影吧。

孫堅跟孫策確實留給孫權有力的資產，不過，持續開拓領土、坐穩江東是孫權經營得到的成果，任何一個十九歲的年輕人臨時接任總經理的職位，恐怕都不會做得比他更好，而孫權用人的本事，更是不輸給曹操和劉備。那些撐起江東的都督，撇開周瑜是孫策的兄弟不談，魯肅、呂蒙、陸遜這三位都是孫權提拔重用的人才，為東吳做出莫大貢獻。

孫權最厲害的本領在於「忍」，其實他比司馬懿還會忍。

孫權屈身忍辱，任才尚計，有句踐之奇英。

——《三國志・吳主傳》

孫權有句踐之奇，忍耐等待機會，好幾次在對手放鬆警戒的時候捅人一刀，蜀漢、曹魏都曾吃過苦頭，這可說是吳大帝的看家本領。

比起說劉備是「弘毅寬厚，英雄之器」，或者曹操「非常之人，超世之傑」，孫權的評價雖然差了一個層級，但是他跟曹操跟劉備兩位叔叔輩的當代大梟雄周旋，不曾落於下風，這已經是常人做不到的事了。

說書人後記

老實說，我以前對孫權沒有任何好感，直到年紀增長，赫然發現，我這個七年級生（民國七十幾年出生）的世代，簡直可說是「孫權世代」。

我們的上一代，辛苦工作十年多有機會買房，雖然當年需要賣力打拚，那也是相當不容易，但付出是看得到收穫的；再看看現在我所處的時代，辛勤工作十年，不知道能不能在市區買得起一間廁所……

在這個「厭世代」有個笑話，年輕的阿明夢想買房，他上班省吃儉用，一步一腳印存下兩百萬，付了頭期款，再加上父母給的八百萬，阿明完成了他的夢想。

這個笑話笑不出來很正常，因為只怕笑著笑著就哭了。一千八百年前，說不定也有人質疑孫權，欸你怎麼不積極拓展土地買房子啊？你爸爸跟你哥哥買房都很簡單啊！你怎麼不努力一點？

孫權恐怕會崩潰叫道：努力個頭！當年江東沒有什麼強大的對手，他們買房時地價那麼低！輪到我當家後，曹操跟劉備都已經站穩腳步，看看北邊的曹魏有多強，就算哥哥復生也沒有用，現在北部的房子就是買不起啊！

在這瞬間，我突然有種孫權真是親切可愛的錯覺。

眼看時機歹歹，孫權還是努力跟曹操、劉備對抗，而且曾打過幾次漂亮的大勝仗，對於現在的年輕人來說，這真的是勵志的故事啊！

假如孫權追逐父親與兄長的幻影，想學他們衝鋒建功，他可能戰死沙場，歷史上再無孫權這號人物；對照現代，年輕人不必羨慕上一代的環境，孫權能夠善用人才，我們可以善用網路，同樣能走出自己的路。

可惜的是，前面提到孫權「忍耐」的本事驚人，但孫權大概也因此忍出了毛病，晚年孫權失去從前的英明，打壓忠臣、太子之爭等事導致了吳國的衰亡。

孫權從來不是什麼偏安的君王，可惜的是，大眾只記得他「保守」、「老番癲」、「哥哥爸爸真偉大」的形象，忽略了他之前做到的成就。

或許現代年輕人最需要學習的正是孫權的精神，在劇烈變遷的環境中，如何走出上一代的陰影，如何走出屬於自己的路。

二四 別人說我的夢想不可能實現，我該怎麼辦？

——劉備、關羽、張飛用三十年的歲月，留下璀璨的傳奇。

每個夢想、每個遠大的理想抱負，起初本來就像是謊言，或者是說出來會被別人嘲笑的笑話，但傳說往往就是從謊言開始，一步一步讓謊言成真。

劉備、關羽、張飛三人共同起兵，情同兄弟，這是歷史記載中的事實，不過，《三國志》並沒有寫出三人如何相識、如何結為至死不渝的夥伴。

如果依《三國演義》小說的劇情，三人偶然相逢，同桌喝酒、談論國事，於是決定在桃花盛開的桃園中宰殺黑牛、焚香結拜，從此成為生死之交，這未免太浪漫了！怎麼看都像是假的吧！

撇開小說的敘述，以今日的角度來看，合作往往伴隨著利益，他們三人會不會是因為「利益關係」而結合呢？

關羽字雲長，本字長生，河東解人也。亡命奔涿郡。——《三國志．關羽傳》

關羽並不是涿郡本地人，不知道他犯了什麼罪，拋棄過去、換了名字，亡命逃到涿郡，如果只是小事，我想關羽不至於從山西省跑來河北省；關羽武藝了得，或許他殺害了有權有勢的強豪，只好奔走他鄉。

結果關羽在涿郡，遇到了一個比他更大尾的流氓大哥，劉備。

常常聽到有人說，劉備運氣太好了，在自家門前遇到兩個武力頂尖的兄弟，根本是史上最強運的玩家，但真的是這樣嗎？

或許對關羽來說，能夠與劉備相遇才是最幸運的事。

想想關羽的處境，這個年輕人，孤身來到一個新環境，沒有工作、沒有朋友，唯一有的只有前科，關羽正需要一個靠山，而劉備已經是擁有許多小弟的老大，以喜好結交豪俠聞名，推想起來，與其說劉備在茫茫人海中遇見關羽，說不定是關羽主動上門拜訪劉備的。

那麼張飛呢？張飛是涿郡人，史書沒有提及他的出身背景，到底他是不是賣豬肉的，這點存疑，不過可以確定的是，張飛家境平凡，並不是什麼將軍或大官的後代，他在戰場上威風凜凜、武勇過人，這身本領從何而來就不得而知了。

他是不是也和關羽一樣，曾經過著在刀口上舔血的日子呢？

如果說劉備提供了一個「庇蔭」，照顧這些流浪不得志的江湖朋友，而關羽和張飛都在其中，後來，劉備帶著這群追隨者起兵，關張則用他們的武力回報劉備，經過多場戰事，三人的感情越來越好，發誓同生共死，這麼說比起剛認識、剛喝完酒就結拜，或許更為合理。

常常聽到有人問，劉備明明沒什麼本事，他憑什麼當大哥？硬要說的話，他只有年紀居長、還有血統優勢而已吧？

不，年紀或漢室的血緣關係，根本不是重點；在劉備的老家，到處都有姓劉的親戚，但當地只有一個知名的老大，那個人就是劉備。

劉備擅長向富商拉贊助，他有錢、有號召力、有對於未來的規劃，這是一般混混欠缺的東西，而劉備待人慷慨仁厚，更是讓人心服，關羽、張飛平常不把別人放在眼裡，但他們遇到劉備後，見識到真正的領袖風範，心甘情願當他的小弟。

> 先主與二人寢則同牀，恩若兄弟。而稠人廣坐，侍立終日，隨先主周旋，不避艱險。
>
> ——《三國志．關羽傳》

以上推想，與《三國志》記載正好相符，劉關張三人雖然感情好，可以睡在同一張床上，但主從之分非常明確，關羽和張飛侍奉劉備，早期一邊帶兵、一邊還要「侍立終日」當劉備的個人保鑣，劉備這個慣老闆未免太過分了吧？為什麼關羽、張飛願意做到這個地步呢？

原因很簡單，劉備大哥的地位是不可動搖的，畢竟，最初花錢養這些弟兄、照顧這些夥伴的人，就是劉備。

雖然我嘗試撇開浪漫的情懷來看待他們的相遇，但整個故事好像更浪漫了！關羽和張飛雖有武勇、沒有規劃大局的能力，其中一個甚至是個落難的通緝犯，他們無法發揮自己的本領，所以投奔當地最有名氣的老大，而劉備正在到處招攬豪俠之士，他們的相遇根本不是偶然、而是必然啊！

這不是命中注定，什麼是命中注定。

關張需要劉備，劉備也需要關張的力量，假如真的用「利害關係」來解釋，好像說得通，但再進一步想想看，劉備軍團屢戰屢敗、多次面臨滅團危機，是什麼讓他們撐過數十年來的挫折與苦難？

那絕對不是利益，更重要的是，他們三人有共同的理想、共同的目標，所以才會咬著牙一起撐下去，原本道上相逢的兄弟，經過歲月的痕跡，變成了真正的兄弟。

有人說，當曹操大軍襲來，劉備嚇得什麼都不顧了，哪有什麼兄弟情，他自己落跑投奔袁紹，留下關羽守城，最後關羽戰敗，投降了曹操。

說實話，劉備確實是個常常拋下老婆、兒子的渣男，但絕不會隨便背棄兄弟——

勝敗乃兵家常事，這句話對劉備來說可以改寫為「軍隊被沖散乃兵家常事」。劉備的軍隊多次經歷各自逃亡、再圖會合的過程，如果說劉備真的是個貪生怕死的跑路老闆，這些員工怎麼會回頭找他、怎麼會死心塌地追隨他呢？

這一次失散，反而最能夠看清他們之間的感情。

命運弄人，劉備兵敗投奔袁紹陣營，關羽則落入曹操陣中，此時曹操與袁紹宣戰，這也意味著，劉備和關羽這對好兄弟暫時變成了敵對關係。

當時曹操的後勢持續看漲，大家都認為，能夠將曹操壓下來的，只有強大的袁紹，然而，劉備在袁紹陣營，親眼見證奇蹟的發生。

袁紹以絕對的兵力優勢，包圍白馬，曹軍陷入危機，結果，不知道哪裡殺出一個神威凜凜的鬍子將軍，一刀斬殺了大將顏良，解白馬之圍；袁紹軍士氣一落千丈，若非如此，曹操能否與袁紹長期相持、能否玩到火燒烏巢的存檔，那還是個未知數。

劉備當然希望袁紹能夠擊敗曹操，但看到這一幕，他心中想的是什麼呢？

「我家二弟……果然是傳說級的怪物啊！」

官渡之戰，關羽斬顏良立下大功，曹操用上最高禮遇來對待關羽，不過，最讓關羽開心的不是那些封賞，而是他家大哥還活著！關羽得知劉備身在袁紹陣營，他毅然決然向曹操拜別。

> 及羽殺顏良，曹公知其必去，重加賞賜。羽盡封其所賜，拜書告辭，而奔先主於袁軍。
>
> ——《三國志．關羽傳》

關羽將曹操賞賜給他的東西全部留下，回頭去找劉備，這段故事大家都聽爛了，可能沒什麼感覺，但仔細想想這是多麼不正常的選擇啊！

劉關張共同起兵，本來就是想建立功業，此時此刻，關羽已經達成這個目標了，曹操扶持漢帝，讓關羽受封為「漢壽亭侯」，只要關羽願意，以後他就是漢朝的棟樑將領，再也不必管落魄的劉備，關羽卻捨棄了朝廷正統的名分、捨棄了光輝璀璨的前程，而他策馬奔去的那個身影，那個賣草鞋的，根本什麼都不是。

然而，在別人帳下待過以後，關羽更確定了一件事。

「我家大哥……果然是我心裡唯一的大哥啊！」

東漢末年，群雄互相攻伐、爾虞我詐，同盟僅供參考，部屬只是過客，這是大家都知道的事——可是有三個傻瓜，始終相信同一件事。

對劉備來說，他只相信關羽、張飛的力量。擁有這兩位兄弟，無論面對什麼樣的劣勢，未來仍然充滿希望，關張兩人確實多次為他創造了奇蹟。

對關羽和張飛來說，他們只相信他們家大哥。無論處在什麼樣的逆境，劉備絕對不會放棄、絕對能夠扭轉局勢，從東北流浪到西蜀，從賣夢想賣到變成蜀漢君王，劉備就是這樣一個不可思議的領袖。

他們正好擁有對方沒有的特質，互相需要，互相依靠，這個命中注定的相遇，最後變成了至死不渝的兄弟情誼。

羽歎曰：「吾極知曹公待我厚，然吾受劉將軍厚恩，誓以共死，不可背之。」

——《三國志．關羽傳》

關羽曾說過：「我知道曹公對我非常好，但我過去受到劉備將軍的厚恩，發誓與他共死，絕對不會背棄他。」

《三國演義》中那句「不求同年同月同日生，但求同年同月同日死」，這是小說虛構的，但真實情況，恐怕相差不遠。東吳偷襲荊州，殺害關羽之後，劉備為了兄弟、為了他的荊州部將，決定東征，儘管重臣勸阻，劉備仍執意發起夷陵之戰。

這一戰，就是劉備生涯中的最後一戰。

人，往往是會隨著年紀而改變的，尤其是身為帝王之人，總免不了那些權謀心術——數十年過去，魏武帝變了，吳大帝變了，讓人欣慰的是，劉玄德一生，始終沒什麼改變。

說書人後記

這一回以「謊言」為題，我當然不認為劉備、關羽、張飛的交情是假的，不過，換個角度來思考，反而能看到更多東西。

或許，打從一開始，劉備說要「復興漢室」的時候，關羽跟張飛並不相信，他們只是被劉備的人格魅力給打動，加入了他的團隊。

反過來說，關羽、張飛最初如果對劉備自稱「打遍天下無敵手」，劉備剛認識他們，沒看到他們的本事，恐怕會失笑，哪有這麼巧，兩個自稱武藝第一的壯漢都跑來我家呢？

有趣的是，三人日夜聚在一塊，時日久了，劉備漸漸發現，這兩位兄弟還真不簡單，關羽跟張飛也發現，這位大哥所到之處都有人仰慕他，原本「靠一隻軍隊匡正天下」這個看似無謀的理想，變得越來越清晰。

就這樣，他們開始了一趟讓謊言化為真實的傳說之旅。

現代翻案文章盛行，有許多文章說劉備跟關羽不和，甚至說劉備害死關羽，其實對照歷史，真相自然明朗。

劉備對於龐統、法正之死，痛哭流涕，但對於兩位兄弟的死，卻沒有寫到半滴眼淚，這是怎麼回事？

答案很簡單，對劉備來說，那已經是流不出眼淚的傷痛了。這並不是說書人的想像，史書中有一段非常文學性的表現，不寫眼淚、不寫悲傷，卻讓人讀到滿滿的悲傷。

飛營都督表報先主，先主聞飛都督之有表也，曰：「噫！飛死矣。」

——《三國志．張飛傳》

關羽死後，劉備率領大軍、東征孫吳。突然有一天，營前有人飛馬來報，劉備一聽到是張飛的部將，立刻嘆了口氣說：「唉！張飛也走了。」

為什麼劉備一見張飛的部屬，那人還沒說話，劉備就知道結果？

因為那是他最擔心、最害怕、最不想聽到的事，偏偏悲劇就是發生了。

劉備深知張飛的脾氣，他以前就常常告誡兄弟，不該對身邊的士卒過度鞭打責罵，這樣遲早會出事，張飛仍然我行我素，在關羽過世之後，張飛不知道是否將這股氣出在部下身上，結果遭到暗算，死於帳下的小人手裡。

劉備討伐東吳，並沒有得到諸葛亮、趙雲等重臣的支持，但劉備仍決定親征，並指定張飛帶兵會合，這個安排，彷彿宣告著兩人將一起為兄弟報仇。

不難想像，在關羽走了以後，世界上和劉備最親近的人，就是張飛了。當時劉備每天晚上睡覺前，可能都反覆想著，三弟啊！你可別出什麼意外，千萬要平安跟我會合啊！

然後，劉備看到的不是張飛本人，而是快馬來報的部屬，我不敢想像那一瞬間劉備的心情。

當年劉備起兵，不知道聽過多少冷嘲熱諷，沒有兵馬、沒有根據地也想一統天下，怎麼可能？別傻了！曹操創業有一票曹家和夏侯家的兄弟支持他，孫權擁有父兄的基礎，劉備則是一無所有，沒有人看好劉備這隻軍隊，劉關張三人無依無靠，只有彼此是對方的靠山，無論遇到多少挫折，他們仍堅信著三個人就能改變世界……

是啊！劉備沒有哭。他的二弟、三弟都死了，整個世界都死了，還有什麼好哭的呢。

史實中並沒有所謂「桃園之誓」，但那座花瓣飛舞的桃園，確實存在他們心中。

劉關張的事蹟，並非後世造神，當代稱關羽和張飛為「萬人敵」，又說「漢以後稱勇者必推關張」，而唐詩宋詞中，歌詠劉備君臣的作品，不知凡幾。劉備當初恐怕想都想不到，千百年後還有許多他的「粉絲」吧。

如果你有一個遠大的夢想，大到自己都不相信自己能夠做到，你該怎麼辦？劉備告訴我們，那就找夥伴去實現，用一生去實現，哪怕眾人都嘲笑你的夢想，只要你付出實際行動，就有機會讓謊言成真。

劉備生命的最後，發起了夷陵之戰，結果在陸遜的火計之下，劉備大敗而歸，不久逝世。雖然悲苦，但我們彷彿也藉著火光，看清了劉備的面目。

劉備是個喜怒不形於色的君主，平常難以看透他的內心，有人說他愛演戲、有人說他偽君子；但劉備為了兄弟、為了仁義的心毫無虛假，直到他生命的盡頭，難怪後世拜關羽、敬張飛、愛劉備，莫名其妙地捧蜀漢這群輸家為英雄。

因為他們確實是史上最有情有義的8＋9。

二五 不公平，為何有人不必努力就能擁有一切？

——我想，你從來沒看見諸葛亮有多努力。

大家想像中的天才，通常是不用付出太多努力，就能輕鬆做好所有事情，如果以這個標準來看，諸葛亮大概不能稱作天才吧。我從來沒看過把自己搞得這麼累的天才……

歷史上的諸葛亮，到底是什麼模樣？

依照《三國演義》的描述，諸葛亮彷彿是個隱居在草廬中的絕世奇才，劉備兩次上門拜訪，諸葛亮都出去遊山玩水，非常符合我們對於「天才」的想像，好像不用念書到處玩樂考試就能考一百分，但仔細想想，就會發現這個人物設定怪怪的。

如果諸葛亮只是在臥龍崗種種田，過著隱居的愜意生活，那麼當劉備找上門時，諸葛亮怎麼能夠跟劉備談論天下大事呢？

讓我們看回歷史記載，當時劉備不敵曹操，帶著軍隊投奔荊州的劉表，劉備在荊州寄人籬下時，聽到了諸葛亮的名號。

德操曰：「儒生俗士，豈識時務？識時務者在乎俊傑。此間自有伏龍、鳳雛。」

——《三國志．諸葛亮傳》引注《襄陽記》

劉備拜訪荊州知名的水鏡先生司馬徽（司馬德操），用現代的話來說，那時候劉備創業剛起步，原本他想要請司馬徽當顧問，但司馬徽回答說：「我只是個普通讀書人，哪裡懂什麼國家大事，如果想見真正懂得時勢的人，那就去找臥龍諸葛亮、鳳雛龐統吧。」

水鏡以知人聞名，從他口中說出諸葛亮的名字，劉備自然是無比看重，這個故事情節大家都不陌生，不過，有個地方是小說沒有告訴讀者的，其實司馬徽跟諸葛亮、龐統根本算是「一家人」！

這個淵源得從龐德公說起，龐德公年紀比司馬徽更大，水鏡、臥龍、鳳雛這些響亮的名號都是龐德公取的，龐德公與司馬徽兩位前輩是荊州士人圈的領袖人物，龐統就是龐德公的侄子，而諸葛亮跟他們都有交情，聽到這邊是不是有種受騙的感覺？還以為水鏡推薦了什麼隱居的世外高人，結果卻是他們自家的孩子，原來不是「水鏡書院」而是「水鏡詐騙集團」啊！

對照歷史記載，龐德公、司馬徽、諸葛亮、龐統還有徐庶常常一起吃飯，他們未必有明確的師生關係，更像是亦師亦友，關係非常親密。

人們很容易把諸葛亮想像成一個「非主流」的名士，躲在深山茅廬中，但事實正好相反，諸葛亮結交的朋友與長輩都是當地的一流人物，而且他娶了荊州名士黃承彥的女兒黃月英，雖然這時諸葛亮才二十多歲，但早已不是無名之輩了。

說完這層背景，各位觀眾，你相信諸葛亮完全無心做官嗎？

這時候的諸葛亮，將自己比為管仲、樂毅，怎麼看都不像是無心出仕之人，雖然他還沒有真正建立功名，但荊州牧劉表的兒子劉琦，已經非常賞識諸葛亮，他曾向諸葛亮求計，只是諸葛亮並沒有想要為他效力。

諸葛亮做好了所有準備，卻偏偏不出來當官，聽起來很矛盾嗎？答案很簡單，他在等那個對的人啊！

先帝不以臣卑鄙，猥自枉屈，三顧臣於草廬之中，諮臣以當世之事，由是感激，遂許先帝以驅馳。

——《三國志．諸葛亮傳》

根據諸葛亮在《出師表》的自述，確實有三顧茅廬這件事，但有兩種可能的版本，或許劉備上門三次，第三次才見到面，也或許劉備上門三次，三次都見到了諸葛亮，並且向諸葛亮求教，在兩人談話的過程中，劉備越來越相信諸葛亮是能夠讓他成就霸業的謀士，諸葛亮也越來越信任劉備是個能改變亂世的君王，於是加入了劉備陣營。

由原文推敲起來，後者的可能性更高，正因為劉備三次登門拜訪，對於諸葛亮的意見如此重視，劉備雖然當時落魄，畢竟還是朝廷任命的左將軍，名位比諸葛亮不知道高了多少，這樣的禮遇，讓諸葛亮又感激又感動，讓他心甘情願一生為劉備效力。

神奇的是，諸葛亮提出的「隆中對」，讓原本不得志的劉備，照著這個規劃得到了荊州和益州，成為割據一方的霸主，甚至有機會爭天下，不久之前劉備仍一無所有，而諸葛亮就是推動奇蹟發生的那個關鍵人物。

劉備擁有民心、身邊又有猛將，長年以來就是缺少智謀之士，終於他遇到了諸葛亮，所以劉備說他是「如魚得水」啊！

接下來，諸葛亮的生命，展開第二章，在蜀漢一步一步升官坐上「總經理」。

關於諸葛亮的地位，歷史記載中，最初幾年劉備並不常讓諸葛亮出征，於是網路上衍生出一種說法，認為諸葛亮根本不擅用兵，劉備也未必信任諸葛亮，論軍事能力，諸葛亮相當平凡，神機妙算呼風喚雨那些都是假的。

是的，那些是假的，真實的諸葛亮當然不會「妖法」。劉備主政時期，最常隨軍的軍師是龐統、法正，而諸葛亮坐鎮後方，諸葛亮的強項原本就在於內政治國，一開始並沒有在戰場上發揮，不過，在蜀漢人才有限的情況下，諸葛亮也慢慢有了征戰經驗，打開他的軍事技能。

說起諸葛亮的征戰成績，攤開來看仍是非常可觀。當年平定益州時，諸葛亮曾率趙雲跟張飛平定各郡縣；劉備過世後，南中叛亂，諸葛亮多次擊敗孟獲，平定南中；再說諸葛亮北伐，魏國的國力遠遠勝過蜀漢，而諸葛亮前兩次失利，後兩次打下勝仗，還曾經在撤退時斬殺魏將張郃、王雙，總結來看，諸葛亮用兵縱然說不上震古鑠今，卻也是一流的總督帥，勝多而敗少，如果說諸葛亮不會用兵，那跟他交過手的魏國將領恐怕都要哭了。

從這些事跡來看，反而可以看到諸葛亮更完整的面向——他，就是一個努力型的天才。

當年諸葛亮在隆中小草廬中，並不是整天出去遊山玩水，而是利用當地的資源，跟名士交流、增進見聞，並且讀書充實自身實力，所以劉備才會一見之下，被諸葛亮的談話給驚豔；後來孔明成為蜀漢丞相，一肩扛起國家大事，他也努力升級他的軍事技能，練兵治軍之餘又要管理內政，這個重擔實在是難以想像，難怪丞相最後會積勞成疾了。對於劉備的信任與託付，諸葛亮用一生，做出了他的回答。

人們常常只看到別人擁有多少東西，卻忽略了，他背後付出了多少。以前在學生時代，大家都會覺得，不讀書就能考一百分的天才比較帥，但在我看來，像丞相這樣窮極畢生心力，不斷努力、不斷求進步的天才，才是最耀眼的。

說書人後記

這一回的主題，或許也可以放在「職場篇」，寫成「第一次找工作就上手」的故事。

如果求文字浮誇，說書人當然可以說諸葛亮用許多方法經營他自己的「品牌形象」，成功得到大老闆劉備的面試機會，再秀出他精心製作的「隆中對簡報」，諸葛亮嘴巴說不想當官，其實早就設計讓劉備上門，就這樣，諸葛亮從一個無業的平民老百姓，經過重重計算，一躍成為劉備最倚重的謀主。

這樣說也很有趣，虛實交叉，不過，還是別為了效果而扭曲太多事實，諸葛亮並不是完全無心做官，但與其說這是計算劉備，我想智謀之士本來就會讓自己做好萬全準備，當你有所準備，才有選擇的機會。

這一回的重點不是職場，而是人生，這是諸葛亮的人生選擇題。

別忘了一件事，諸葛亮沒有偷看過歷史，他根本不確定跟隨劉備會有什麼樣的後果，到處流浪？拋家棄子？跟劉備一樣當個四十歲還沒有成就的魯蛇？這些都是極有可能發生的。

諸葛亮加入劉備陣營時，正好是劉備最狼狽的時候，曹操大軍南下，說不定諸葛亮今天投效劉備，明天就賠上了性命。

真實版的三顧茅廬，可以說劉備在觀察諸葛亮，但也可以說諸葛亮在觀察劉備，諸葛亮當然知道，選擇輔佐劉備，如同走上一條修羅之路，想要幫劉備平定天下，恐怕比登天還難，到底要不要做呢？

諸葛亮平生謹慎，這點是真的，他不喜歡做高風險的事情，這也是真的。劉備是浪漫夢想派，但諸葛亮絕對不是浪漫派。

然而，在劉備三顧茅廬之下，諸葛亮做了一件「今生他做過最浪漫的事」，加入劉備的陣營。

然後，這位努力的天才，照亮了東漢末年的歷史。

二六　面對逆境，為什麼不放棄？

——劉備、諸葛亮、姜維，都是這樣活過來的。

如果你是姜維，聽到國家投降的消息，你會怎麼想呢？放棄，還是放棄？應該無論怎麼想都是放棄吧？

講過了劉備跟諸葛亮，蜀漢的故事來到尾聲，主角是姜維。

姜維是天水人，出身魏國，在諸葛亮第一次北伐時，魏國邊境震動，天水太守獨自逃走、關起城門，姜維被關在外面，走投無路之下，他向諸葛亮投降。

姜維智勇兼備，諸葛亮非常重用姜維，後來姜維成為蜀漢的棟樑將領。看過了這層背景，我們知道姜維願意為蜀漢效力的原因，然而，他為蜀漢浴血奮戰到最後一刻，甚至連皇帝劉禪投降時，姜維仍死不投降，為什麼他要做到這個地步？

將鏡頭轉向滅蜀之戰，魏國多路軍隊進攻，蜀漢相當不利，姜維退守劍閣，迎戰鍾會的十萬大軍。

鍾會很欣賞姜維，他寫了一封信對姜維說：「伯約你文武全才，又有雄心壯志，不只是在巴蜀，連在華夏都能聽聞你的名聲，你和我過去，都在魏國的王朝之下，我們應該能締結良好的友誼啊！」

面對鍾會的勸降，姜維直接來個已讀不回。雖然情勢不利，但姜維繼續死守劍閣，鍾會久攻不下，甚至因為軍糧問題，有了退兵的打算。

就在這個時候，後主劉禪宣布投降，蜀漢滅亡了。

如果你聽到這裡覺得，欸？也太突然了吧！沒錯，這大概就是當時前線將士的心情。

尋被後主敕令乃投戈放甲，詣會於涪軍前，將士咸怒，拔刀斫石。

——《三國志．姜維傳》

魏將鄧艾攻打成都，姜維軍隊得到了來自成都的敕令，眾將士聽到後主要他們脫下鎧甲、放下兵刃投降，簡直是不敢相信，人人氣到拔刀砍石頭。當然，想像那情景，拔劍砍幾下石頭是一定要的。但後主也有他的苦衷，蜀漢衰微，國運確實已到盡頭，總之投降已成事實，接下來該怎麼辦呢？這一年，姜維高齡六十二歲，到了該退休的年紀，他一個降將為蜀漢犧牲奉獻三十多年，已經很對得起劉備與諸葛亮了，然而，姜維卻選擇走上浪漫的玫瑰荊棘之路。

密書與後主曰：「願陛下忍數日之辱，臣欲使社稷危而復安，日月幽而復明。」

——《三國志．姜維傳》引注《華陽國志》

姜維對後主劉禪說：「陛下，別放棄！還有救！我要讓大漢重返榮耀、讓日月重返光明！」這簡直就像是武俠小說中的對白，讓人看了熱血沸騰。

姜維假意投降，一邊拉攏鍾會，一邊挑撥鍾會、鄧艾兩個魏國將領，下一步則是誘使鍾會造反自立，姜維心想，如果鍾會除掉鄧艾、搶奪兵權，那他再伺機殺害鍾會，魏軍群龍無首，復興蜀漢就有希望了。

這是多麼異想天開的豪賭啊！姜維身上沒有籌碼，甚至沒有任何一張牌，虧他能想到這樣的奇謀來賭一把；雖然姜維的最後一搏沒有成功，他策動了鍾會造反，但兩人還是死於亂軍之中，蜀漢仍逃不過滅亡的命運。然而，成敗已不是重點，這段歷史讀來特別心酸，眼看蜀漢已經無力回天，連說書人都忍不住想跟姜維說：「沒關係，放棄吧！」

然而，姜維從來不知道什麼叫放棄。一個魏國將領，為何對蜀漢「死了都要愛」呢？

如同上一回說的，如果說劉備得到諸葛亮是一場奇蹟般的相遇，那麼諸葛亮遇到姜維，則是第二次奇蹟。

以浪漫的角度來看，諸葛亮和姜維相差大約二十歲，諸葛亮初次遇到姜維，會不會想起那年在小草廬中的情景？當時諸葛亮面對劉備，談著他的千古一對隆中對，如今正好過了二十年，情景相似，只是諸葛亮變成了年長的一方，在他眼前則是年輕的將才姜維，這又是命中注定啊！

撇開想像，用實際的角度解讀，諸葛亮認為姜維既懂得兵法，又有心扶持漢室，這正是劉備與諸葛亮的理想；於是諸葛亮將所有能教的東西都教給姜維，又指定讓姜維去見後主，欽定未來接班人的意味非常明顯。

政治方面，諸葛亮身後的繼任者是蔣琬、費禕，但說到戰爭謀略，諸葛亮非常需要一位能夠擔當重任的年輕將帥，在這之前，這個人選很可能就是馬謖，諸葛亮對待馬謖如同自己的兒子，然而馬謖失守街亭，這對諸葛亮的打擊有多大，可想而知。

從此以後，會不會再也找不到適合的將才了？北伐會不會再也沒希望了？諸葛亮或許也曾這樣想過，但就在這個時候，他遇見了姜維。

讓我們再切換到姜維的視角，過去他在曹魏，魏國上下可能都將諸葛亮視為大魔王、大壞蛋，然而在第一次北伐，姜維親眼見識到諸葛亮的用兵，一度讓魏國三郡投降，讓天水太守逃之夭夭，雖然魏國才是姜維的家，但姜維被太守關在門外，想像他的心情，那瞬間他大概想著，到底誰是好人、誰是壞人呢？

諸葛亮打勝仗時並不貪功，敗陣之後絲毫不亂，調兵有度，軍紀分明，姜維就在前線，目睹這一切，看著諸葛亮這次出兵，讓強大的魏國震動，將領出身的姜維，心中不可能沒有任何感觸。

我想到了金庸小說中，年幼的楊過，看到郭靖施展降龍十八掌時，眼中那一閃一閃的光芒。

諸葛亮小時候，經歷過徐州大屠殺，而劉備帶兵救援徐州，或許諸葛亮曾在戰亂中，仰望著劉備軍隊的大旗。而這一次，輪到姜維這樣仰望著諸葛丞相的旗幟。

諸葛亮最後一次北伐曹魏，姜維也在陣中，然而，「出師未捷身先死，長使英雄淚滿襟」。詩人杜甫可說是諸葛亮的鐵粉，唐朝的詩人懷念諸葛亮尚且淚溼衣袖，各位可以試想，待在諸葛亮身邊的姜維，親眼看著這位提拔他的丞相，終於離自己而去，姜維怎麼能不悲痛？怎麼能放棄北伐？他當然得用他的一生，繼續努力為他們的理想而戰啊！

有人說，姜維只是為了權力或名位而戰，那未必是什麼理想。

看看姜維的結局，他做到大將軍，在他死後，家中卻沒有多餘的財物，僅僅只能維持基本生活所需，跟諸葛亮一模一樣，這大概就是姜維對於「師父」最後的致敬。這根本不是野心家會過的生活。

又有人提出說，無論是諸葛亮或姜維，效忠蜀漢未必是因為理想，只是為了出路著想，在魏國當官難以出頭、升遷太慢，所以選擇相對弱小的蜀漢。這種質疑毫無新意，早在千年之前就有人講過了，就讓說書人引用古人的回答吧。

> 以諸葛之鑒識，豈不能自審其分乎？委質魏氏，展其器能，誠非陳長文、司馬仲達所能頡頏，而況於餘哉！此相如所謂「鵾鵬已翔於遼廓，而羅者猶視於藪澤」者矣。
>
> ——《三國志．諸葛亮傳》裴松之注曰

諸葛亮的才能在陳群、司馬懿之上，當然不是衡量利害關係才選擇劉備，假如旁人這麼想，果然就是「志向遠大的鵬鳥在空中飛翔，旁觀者看不懂他的志向，只是因為目光太淺啊！」。

姜維為什麼死不放棄？或許答案很簡單，因為他是看著諸葛亮的背影長大的。這位傳說中的丞相，憑一己之力，改寫了歷史。

《三國演義》寫說諸葛亮收姜維為弟子，這是虛構情節，不過這和真實情況也相差不遠。諸葛亮臨終時，並沒有傳什麼絕世祕笈給姜維，他留下的是更重要的東西，諸葛亮前兩次北伐失敗，後兩次出征則打下了勝利，諸葛亮用行動證明，弱小的蜀漢也能夠擊敗魏國大軍，夢想並非遙不可及，再艱難的目標或理想，都有可能實現。

這些事又是誰教諸葛亮的？正是劉備。劉備當年四處投靠別人，連個根據地都沒有，想要平定天下簡直就像癡人說夢，但他差點做到了，劉備從一無所有開始白手起家，打下了三分之一的天下。

劉備起兵的過程中，經歷過各種挫折，換成是別人，什麼時候放棄理想都不奇怪，奇怪的是，劉備從來沒有想過要放棄，一次也沒有。

姜維在窮途末路之際，還想要放手一搏，想要守住蜀漢最後的希望；因為，這是劉備和諸葛亮用一生告訴他的事。

雖然姜維最終力戰而死，但沒有人會看輕他——為了理想，無所畏懼，這就是劉備、諸葛亮、姜維一脈相傳的浪漫。

說書人後記

故事說到尾聲，我們可以再重新檢視一次，三國到底在紅什麼？

劉備、諸葛亮、姜維，在歷史的洪流中，只不過留下短短幾頁記載，為什麼後來人們會反覆訴說他們的故事呢？很多人認為，這是《三國演義》的功勞，小說以七實三虛的筆法，寫活了三國人物，可是別忘了，這些人物都有歷史原型，如果史書中的劉備是個大混蛋，那小說家再怎麼編寫，也不會引起讀者的共鳴。

我想起以前上寫作課，聽過幾位作家老師講課，講到小說創作，不同的老師都說過同一個概念，「性格決定命運」，寫小說最重要的技巧不是靠想像力去編故事，而是扎實地刻劃出人物的性格，當你寫活了人物，他在什麼時候該做什麼選擇，不用作者苦心安排，他自然而然會擁有自己的故事。

劉備在最需要一個謀主的時候遇到了諸葛亮，諸葛亮在最需要一個繼任將才的時候遇到了姜維，乍看像是運氣好，但如果劉備沒有支援北海、沒有救援徐州，沒有具體作為，怎麼能打動諸葛亮呢？假如劉備跟諸葛亮沒有信念，沒有用一生去實現理想，哪裡還有後面的故事？

光看三國的史實部分，已經是一個結構嚴謹的小說，蜀漢的故事就是「性格決定命運」的完美範例，難怪可以流傳千年；雖然真實的人生，未必如同小說，總有運氣與先天條件的限制，但扭轉人生的鑰匙仍掌握在自己手中。這也是我在本書反覆述說的，你自己的選擇與行為，決定了你自己的人生。

以今天的角度來看，或許有人無法認同諸葛亮跟姜維，為了所謂的理念，大動干戈、勞民傷財，他們這樣對待蜀漢百姓真的好嗎？

我當然不是推崇戰爭，然而在不同時代，不能完全用現代人的思路去理解，不然三國都不用玩了，當曹操勢力最強大的時候，全部都投降曹魏，豈不是「最佳結局」？

曹操安定中原有功是事實，但他用各種手段脅迫漢帝、肅清異己也是事實。既然劉備陣營無法認同曹丕的所作所為，他們必須為理想而戰，這就是他們的責任（事實上，蜀中百姓直到諸葛亮逝世已久，仍自發地悼念孔明、懷念孔明，足以看出人們對於這位丞相的崇敬）。

最後一個問題：復興漢室的難度有多高，大家都知道，這件事很可能一輩子也做不到，那為什麼不乾脆放棄呢？

如果有人對劉備、諸葛亮、姜維問這個問題，說他們是不是只想逞英雄，在我的想像中，他們大概只會淡淡一笑回應吧。這根本不該是問題。

達賴喇嘛談人的目標與理想，剛好有段話作為映證。

你應該考慮的是對或不對，當你覺得正確的事情，就算你不能全部完成，只能完成一部分，但那也算是成就。你應該繼續努力，而不應該總是去思考到底能不能夠在你有限的生命裡把這些實現，這不該是問題，我們本該努力付出，想辦法去做出一些貢獻，就從現在開始。

——達賴喇嘛

因為有理念，因為有想要做的事，人才是真正活著。

這也就是為什麼劉備、諸葛亮、姜維的故事，會讓人如此感動，因為他們的精神不會逝去，儘管沒有成為歷史上的勝利者，但他們仍用一生完成了他們的使命；而說書人的使命，就是把這些故事說出來。

因為我說故事，所以我存在。

你呢？找到自己的存在了嗎？

結語 人生，總要留下一點點什麼

但願這是一本「看完之後能留下一點點什麼」的書。

我自己寫過小說，也寫過歷史故事，寫小說的時候，我希望讀者能夠被書中情節給吸引，最好是從第一頁一口氣讀到最後一頁，捨不得放下，那就是成功的小說；但這次的三國故事，我希望讀者每讀一小段，就會自然而然放下書，看看這些故事與啟示，有沒有給予你一些想法上的激盪。

這些經由你思考過後得到的東西，可能遠遠超過書中所寫的內容。

說來非常不好意思，論年紀，論資歷，我都不是有什麼資格講「人生思想」這種主題的人，所以在這二十六篇章節中，沒有什麼很深的大道理，只是寫出我自己特別喜歡的故事。

生在「孫權世代」，我曾經陷入「呂布困境」，而且犯過不少次「馬謖跟李嚴的錯誤」，其實書中的每一篇故事，都可說是一則我對於自己的提醒。

別忘了，歷史上那些要命的人性弱點。

別忘了，歷史上那些讓人感動得要命的英雄精神。

我分享的故事，如果讓你有所共鳴，那當然好；如果有些篇章，你不認同我的歷史解讀或思維，那或許更好！

因為，你正在思考，你正在得到一個只屬於你的讀後心得。

「書中自有黃金屋」，其實，讀書並不會挖到寶藏，思考與行動才是人類最大的寶藏。

在寫故事和說故事的過程中，最開心的事情，莫過於收到讀者的回饋，我將一個想法拋出去，有時可以得到一百個想法回應，真的是很奇妙的事，因為有這些交流，讓我可以用更多元的方式讀歷史，衷心感謝這一切，才有這本書的誕生。

以後，我仍會繼續思考，繼續閱讀，繼續說故事。

致謝

謝謝支持我寫作的家人，謝謝給予本書寶貴意見的女友，謝謝給予我鼓勵的所有親朋好友，謝謝本書的編輯，作者的拖稿症正是本書的最大難關，直到最後都一直在麻煩你，真的辛苦了。最後，感謝每一位讀者朋友，無論是很早就在網路上替我推文、按讚、分享也好，或是後來才開始收看說書人故事的觀眾也好，如果沒有你們，那就不會有現在的說書人柳豫了。

翻轉學 翻轉學系列 031

你的人生難關，三國都發生過！

說書人用 26 則三國人物的生存故事，讓你看懂職場黑暗面、看清人性與成敗

作　　者　說書人柳豫
總 編 輯　何玉美
主　　編　林俊安
封面設計　FE 工作室
內文排版　黃雅芬

出版發行　采實文化事業股份有限公司
行銷企畫　陳佩宜・黃于庭・馮羿勳・蔡雨庭
業務發行　張世明・林踏欣・林坤蓉・王貞玉・張惠屏
國際版權　王俐雯・林冠妤
印務採購　曾玉霞
會計行政　王雅蕙・李韶婉
法律顧問　第一國際法律事務所　余淑杏律師
電子信箱　acme@acmebook.com.tw
采實官網　www.acmebook.com.tw
采實臉書　www.facebook.com/acmebook01

I S B N　978-986-507-125-7
定　　價　350 元
初版一刷　2020 年 5 月
初版九刷　2021 年 11 月
劃撥帳號　50148859
劃撥戶名　采實文化事業股份有限公司
104 台北市中山區南京東路二段 95 號 9 樓
電話：(02)2511-9798　傳真：(02)2571-3298

國家圖書館出版品預行編目資料

你的人生難關，三國都發生過！：說書人用 26 則三國人物的生存故事，讓你看懂職場黑暗面、看清人性與成敗 / 說書人柳豫著 – 台北市：采實文化，2020.05
272 面；14.8×21 公分 . --（翻轉學系列；31）

ISBN 978-986-507-125-7（平裝）

1. 三國史 2. 通俗史話

610.9　　109004433

采實出版集團
ACME PUBLISHING GROUP

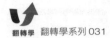